TEACH YOURSELF BOOKS

BUSINESS FRENCH

D1234077

NTC *NTC Publishing Group*

TEACH YOURSELF BOOKS

BUSINESS FRENCH

Barbara Coultas

 NTC *Publishing Group*

To Soizic and Martin for all their help and encouragement

Long-renowned as *the* authoritative source for self-guided
learning – with more than 30 million copies sold worldwide –
the *Teach Yourself* series includes over 200 titles in the fields
of languages, crafts, hobbies, sports, and other leisure activities.

This edition was first published in 1992 by NTC Publishing Group,
4255 West Touhy Avenue, Lincolnwood (Chicago), Illinois 60646 –
1975 U.S.A. Originally published by Hodder and Stoughton Ltd.
Copyright 1990 by Barbara Coultas

Printed in England by Clays Ltd, St Ives plc.

Contents

Introduction

This course is aimed at those who want to acquire a knowledge of French for use in a practical business context. The user may be anyone who deals with French-speaking people, at any level within a company. Those who are studying French as part of a business or secretarial course in preparation for Royal Society of Arts or Institute of Linguists exams will find it of value, as will Sixth Formers working towards A-Level who envisage a career in the business world.

Grammar has been carefully graded so that users of the course who already have a basic knowledge of French can revise the main points of grammar and idiomatic usage. The course can also be used by beginners, although it will probably be necessary to refer to a detailed grammar book for additional explanations.

Structure of the Course

The book is divided into two parts: Part One consists of Chapters 1 to 16, and Part Two (Chapters 17 to 24) contains background information.

Part One

Within the context of a developing business scenario, each chapter introduces new grammar and vocabulary which gradually become more complex. For example, Chapter 1 teaches you how to make an appointment and introduce yourself, Chapter 6 how to present your company and the product or service it offers, Chapter 9 the terms of trade and the financial arrangements. Chapters 5 to 10 develop the theme of the business meeting in a logical, progressive manner, from introductions to farewells, taking in the most common areas of discussion which occur in such a situation. By the end of Chapter 16, all major grammatical points have been covered.

Each chapter is itself divided into two sections. The first section

(**Première Partie**) begins with a dialogue (**Dialogue**) and concentrates on oral skills, and the second section (**Deuxième Partie**) focuses on writing technique and understanding the written language. Both sections are followed by vocabulary, **Explications**, which pick out points of interest, **Comment ça marche**, in which grammatical points are clarified, and **Exercices**, which encourage you to practise what you have learnt.

Part Two

These provide information of interest to the businessman or woman. The subject matter relates, among other things, to economics, cultural differences, Chambers of Commerce and French-speaking North Africa. The first section in each chapter is a written text, such as a newspaper article. The second section is in the form of a discussion or talk. A comprehension exercise follows each section.

How to use it

Part One

Study the dialogue and try to get the gist of it. New words will be found after each dialogue in the vocabulary box, which should be learnt as you go through the course. You might find it useful to transfer them on to cards for easier learning. Read the **Explications**, study the **Comment ça marche** and learn the verbs as you go along. This is especially necessary with irregular verbs. You will find explanations of the main points of language structure contained in the preceding text, and further examples to reinforce these points.

Do the **Exercices** which go over the ground covered in the chapter and test your ability to handle the difficulties in language structure, to use the new vocabulary and to put yourself in similar situations (role play). Authentic material is often used to demonstrate the relevance of the exercise. Model answers can be found in the Key at the back of the book, together with a French/English vocabulary.

Part Two

Study the written text and try to gain as much understanding of it as possible, without having recourse to a dictionary. Many words will look like their English equivalent. Read the questions, which may be in English or French, and then study the passage again, using a dictionary if necessary. Answer the questions in the appropriate language and check your answers against the Key to the questions.

How to use the cassette

Whilst the book is designed to be used on its own, you will find the cassette which accompanies this course extremely useful in teaching you to speak and understand French. The cassette contains:

1 Pronunciation of the French alphabet
2 Some vocabulary practice, a recorded version of the **Dialogue** and comprehension exercises
3 The discussions and interviews in Part Two of the book.

To begin with, listen to the dialogue as you read it in the book. Note the intonation used by the speakers. Try playing it again, joining in with the dialogues aloud. You should aim to understand the dialogues without the aid of the book, although this will take time.

In Part Two, test your comprehension skills by listening without the aid of the book. You will not understand everything, but your ear will become attuned to picking out what is important.

A final word of advice and encouragement

Your need to use French in your business life is a great incentive and will no doubt spur you to complete this course. It will be hard work and will entail effort, concentration and time. This course will enable you to achieve your aim in an enjoyable way.

Note on pronunciation

The pronunciation of French sounds is often the biggest hurdle to overcome, especially for the undemonstrative English who are not keen on trying to produce sounds requiring an apparently large amount of effort.

Admittedly, the French sounds do at first require a more energetic approach from the one we normally take, but once it is accepted that the lips must actually move a little in order to achieve success, you can begin to appreciate part of the attractive quality of French people: their faces are mobile and expressive. In learning French pronunciation, we too must allow our faces to be mobile and expressive and not to be self-conscious in imitating the French.

You will find the cassette which accompanies the course of great value in helping you to develop a genuinely French-sounding accent.

So, forget your inhibitions and keep practising!

Part One

1 Making an appointment by telephone and letter

Première partie

Alco is a British company based in Leeds. It manufactures flat-pack office furniture and is keen to develop its business in France. John Brown, the Sales Director, is arranging to visit a potential French customer, Société Carnot, based in the Paris region.

Dialogue

Standardiste	Allô. Bonjour, Société Carnot.
John Brown	Bonjour, mademoiselle. Je suis John Brown, chef des ventes de la Société Alco (A-L-C-O) de Leeds en Angleterre. Je voudrais prendre rendez-vous avec Monsieur René Demarest, s'il vous plaît.
Standardiste	Ne quittez pas, monsieur. Je vous passe Madame Leroy, la secrétaire de Monsieur Demarest.
Madame Leroy	Bonjour, monsieur.
John Brown	Bonjour, madame. Vous êtes la secrétaire de Monsieur René Demarest, directeur des achats?
Madame Leroy	Oui, c'est ça.
John Brown	Bon. Je suis John Brown, chef des ventes de la Société Alco de Leeds en Angleterre. Je voudrais prendre rendez-vous avec Monsieur Demarest, vendredi matin à 11h15. C'est possible?
Madame Leroy	Oui, c'est possible, il est libre vendredi.
John Brown	Eh bien alors, vendredi à 11h15. A propos, notre numéro de téléphone est 19 532 (c'est l'indicatif pour Leeds) 35 48 24. Et merci beaucoup, madame. Vous êtes bien aimable.

| **Madame Leroy** | A votre service. Au revoir, monsieur. |
| **John Brown** | Au revoir, madame. |

la standardiste *telephone operator*	**je vous passe Madame Leroy** *I'll put you through to Madame Leroy* (lit. *I pass Madame Leroy to you*)
allô *hello* (only when answering telephone)	
bonjour *hello, good morning, good afternoon*	**la secrétaire** *secretary*
la société *company*	**le directeur des achats** *purchasing director*
le chef des ventes *sales manager*	**oui, c'est ça** *yes, that's right*
je voudrais *I would like*	**vendredi matin** *Friday morning*
prendre rendez-vous *to make* (lit. *to take*) *an appointment*	**à 11h15** *at 11.15 a.m.*
avec *with*	**à propos** *by the way*
ne quittez pas *hold the line* (lit. *do not leave*)	**libre** *free*
	c'est *it is*
	aimable *kind*

Explications

1 **le chef** was used to mean manager or director, but you will also find the words **gérant, directeur, manager**, and **responsable** used in this context. **Le Président-Directeur Général (P-DG)** is the Chairman of a company and **le Directeur Général** refers to the Managing Director.

2 Madame Leroy replied to John Brown's *thank you* with **à votre service**, a polite way of saying *don't mention it, it's a pleasure*. Equally polite would be **je vous en prie**. Less formal expressions are **de rien** and **il n'y a pas de quoi**.

3 **La Société Alco** is *Alco & Company*. The more general word for company or business is **l'entreprise**, as in **les petites et moyennes entreprises** (*small and medium-sized companies*). Other words you will hear are **la firme** (*firm*) and **les établissements**, as in **Les établissements Valoire** (*Valoire & Co.*).

4 **Je voudrais** means *I'd like* and can be used in all sorts of situations. It is part of the verb *vouloir* (see pp 30 and 233).

5 When using the phone you will hear and use many stock expressions, some of which are found in this dialogue:

Ne quittez pas	*Hold the line*
Je vous passe Madame	*I'll put you through to*
Leroy	*Madame Leroy*

Don't forget that **allô** (*hello*) is only used when answering the phone, but **bonjour** (*hello, good morning, good afternoon*) can be used in any situation.

6   Eh bien alors is a useful linking phrase, which means *well then* in this context. **Alors** can be used alone meaning *then, in that case, so*; **et alors?** means *so what?*

Comment ça marche

1   Le, la, l', les

There are four words meaning *the* in French:

masculine singular words use	**le**
feminine singular words use	**la**
masculine and feminine singular words beginning with a vowel or mute **h** use	**l'**
all plural words use	**les**

le directeur, la secrétaire, l'hôtel, les entreprises
le produit, la distribution, l'avion, les avantages

Notice that, as in English, the plural noun adds an **s**, but in French this is not pronounced.

When stating your occupation, omit the definite article (**le, la, l', les**):

Je suis chef des ventes
Elle est secrétaire
Il est chef des ventes

But retain **le, la, l'** with **c'est**:

| C'est **le** directeur | *He's the manager* |
| C'est **la** secrétaire | *She's the secretary* |

2   *Questions*

One way of asking a question is to raise your voice at the end of the sentence. For example:

C'est possible?	*Is that possible?*
Il est ici?	*Is he here?*
Vous êtes de Toulon?	*Are you from Toulon?*

3   *Regular verbs*

In English, *to pass* is the infinitive of the verb; in French, **passer** is the equivalent infinitive. All verbs are listed in their infinitive form at the back of the book.

Many verbs are said to be regular, as they follow a given pattern. The verb tables in the back of the book list these groups of verbs. Irregular verbs, however, such as **être** (*to be*) do not follow a regular pattern and must be learned individually.

Regular verbs are divided into three main groups according to the ending on the infinitive. The first of these groups contains verbs whose infinitive ends **-er**. To work out the present tense of these verbs you knock the **-er** off the infinitive and add these endings:

je	**-e**	nous	**-ons**
tu	**-es**	vous	**-ez**
il/elle/on	**-e**	ils/elles	**-ent**

For example: **passer,** *to pass*

je passe	*I pass*	nous pass**ons**	*we pass*
tu pass**es**	*you pass*	vous pass**ez**	*you pass*
il passe	*he/it passes*	ils pass**ent**	*they pass*
elle passe	*she/it passes*	elles pass**ent**	*they pass*
on passe	*you/we pass*		

The present tense in French also means *I am passing, she is passing,* etc.

4   **Tu** *and* **vous**

In the business situation, the polite **vous** form of the verb should be used until someone addresses you as **tu**, which is more informal, when you should follow suit. See also p 147.

Useful hints

The **je, tu, il, elle, ils, elles** forms of the present tense of any **-er** verb sound the same: in this case **pass-** sounds rather like the Northern English pronunciation of the same word.

On is roughly equivalent to the English *one* but has none of the affected overtones. It is also commonly used instead of **nous**.

On va au restaurant à midi   **We're going** to the restaurant at 12.00

Exercices

1   Use the correct form of **être**:

(*a*)   Il _____ là vendredi.
(*b*)   Vous _____ de Leeds?
(*c*)   Je _____ secrétaire.
(*d*)   Elle _____ de Paris.
(*e*)   Ils _____ à Paris.

2   Complete this conversation with the appropriate form of an **-er** verb.

(*a*)   Vous habitez à Londres?
        Non, j'_____ à Leeds.

(*b*)   Et vous travaillez à Leeds?
        Oui, je _____ à Leeds.

(*c*)   Vous parlez français?
        Oui, je _____ un peu français.

(*d*)   Et vous aimez la France?
        Oui, j'_____ la France.

(*e*)   Vous visitez Paris?
        Oui, je _____ Paris vendredi.

habiter	*to live*
Londres	*London*
travailler	*to work*
parler	*to speak*
le français	*French*
un peu	*a little*
aimer	*to love, like*
la France	*France*
visiter	*to visit (a place)*

Note that before a vowel or an unpronounced **h**, **je** becomes **j'**:

j'aime   j'habite

---

3 Role play You are Brian Walters, the representative (**le représentant**) of Price and Co. of London and you want to arrange a meeting with Madame Gilbert, the purchasing manager of Société Technautic.

Secrétaire	Bonjour, monsieur.
Brian Walters	*Greet her. Say who you are. Tell her you are the representative of Price and Co. of London.*
Secrétaire	Ah oui, Monsieur Walters. Je peux vous aider?
Brian Walters	*Say yes. You would like to make an appointment with Madame Gilbert tomorrow morning at 11.15 a.m. Ask if this is possible.*
Secrétaire	Oui, c'est possible. Vous êtes à l'hôtel Beauséjour?
Brian Walters	*Say yes, that's right. The telephone number is 33 04 29 42.*
Secrétaire	Très bien, monsieur. Alors, à demain.
Brian Walters	*Say goodbye, see you tomorrow.*
Secrétaire	Au revoir, monsieur.

---

je peux? *may I?*	**à** *at, in, to, till*
aider *to help*	**l'hôtel** (m) *hotel*
demain *tomorrow*	**zéro** *nought*

---

4 Put these sentences in the singular:

(*a*) Les secrétaires sont au bureau.
(*b*) Les directeurs sont ici?
(*c*) Les responsables visitent les entreprises.
(*d*) Les bureaux sont au premier étage.
(*e*) Nous habitons à Nottingham.

5 Complete the conversation with the correct sentence or phrase from the box on the next page.

(*a*) **Secrétaire:** Bonjour, Monsieur Goodman. Vous êtes de la compagnie White de Manchester?
Réponse:

(*b*) **Secrétaire:** Vous êtes directeur de marketing?

Réponse:

(*c*) **Secrétaire:** Vous êtes à l'hôtel Mercure?

Réponse:

(*d*) **Secrétaire:** Quel est votre numéro de teléphone?

Réponse:

(*e*) **Secrétaire:** Alors, à demain à 10h. Au revoir, monsieur.

Réponse:

Au revoir, mademoiselle.
Oui, c'est ça.
Non, je suis de la Société Allsport de Leicester.
Non, je suis chef des ventes.
C'est 95 03 38 21.

Deuxième partie

Making an appointment by letter

Alco PLC
28, Highmoor Road,
Leeds LS12 8PQ

Madame Leroy,
Société Carnot,
25, avenue Foch,
92140 Clamart,
FRANCE.

Leeds, le 14 avril 1989

Madame,

Suite à notre conversation téléphonique du 14 avril, j'ai le plaisir de vous confirmer mon rendez-vous avec Monsieur Demarest vendredi 18 avril à 11h15.

Avec mes remerciements anticipés, je vous prie, Madame, de bien vouloir agréer l'expression de mes meilleurs sentiments.

Chef des ventes

John Brown

suite à *following*	**confirmer** *to confirm*
la conversation *conversation*	**les remerciements** (**remercier**)
téléphonique *telephone* (adjective)	*thanks* (*to thank*)
le plaisir *pleasure*	**meilleur** *best*

Comment ça marche

1 *Adjectives*

Adjectives agree in number and gender with the noun they qualify, and mostly use the following regular endings:

Masculine singular *no change* Masculine plural *add* s
Feminine singular *add* e Feminine plural *add* es

le petit modèle   un grand développement
la petite commande   une grande usine
les meilleures offres   des échantillons importants

Some adjectives have an irregular feminine or plural form:

Masculine singular	Feminine singular	Masculine plural	Feminine plural
bon	bonne	bons	bonnes
vieux	vieille	vieux	vieilles
nouveau	nouvelle	nouveaux	nouvelles
principal	principale	principaux	principales
beau	belle	beaux	belles
doux	douce	doux	douces
heureux	heureuse	heureux	heureuses
sec	sèche	secs	sèches

2   du, de la, de l', des

Du, de la, de l' and **des** are used in French to mean *of, of the* or the possessive forms —'s and —s':

les avantages **du** produit	*the product's advantages*
je suis chef **des** ventes	*I am manager of sales. i.e. sales manager*
le P-DG **de la** Société Alco	*the Chairman of the Alco Company, i.e. Alco's Chairman*
la conversation **du** 14 avril	*the conversation of April 14th*
les facilités **de l'**hotel	*the hotel's facilities*

But

John Brown **de** Leeds	*John Brown of Leeds*
le bureau **de** Madame Leroy	*Madame Leroy's office*

Explications

1   Dates   When writing dates in French remember to use the lower case for the first letter of the month. Use cardinal numbers for all dates except the first:

le quatre avril	*April the fourth*
le vingt mars	*March the twentieth*
le premier février	*February the first*
le premier juin	*June the first*

For more details about numbers and months see appendices 1 and 2.

An example of how to set out a formal letter: the basic formula

Further help with writing business letters can be found in chapters 2, 12, 13. You will find that business letters in French tend to be far more formal than in English, and use a great deal of what may feel like excessively elaborate set phrases. For example, the endings shown in the letter on the next page are only three of many, so take your pick!

2 Formal letters: the basic formula.

Your Company
Address

Your correspondent's
name and address

Your town, the date.

Salutation

Monsieur/Madame/Messieurs (*Dear Sir*). On no occasion
should you write 'cher Monsieur'!

The body of the letter

e.g. Suite à notre conversation . . . .

or Je vous remercie de votre lettre du . . . .

or Nous vous remercions . . .

Ending Either:

Je vous prie d'accepter, (Monsieur, Madame, Messieurs), l'expression de
mes meilleurs sentiments.

or

Nous vous prions d'accepter, (Monsieur, Madame, Messieurs),
l'expression de nos meilleurs sentiments.

or

Veuillez agréer, (Monsieur, Madame, Messieurs), l'assurance de mes/nos
salutations distinguées.

your position
your name

Exercices

6 Make the adjectives in these sentences agree:

(*a*) Elle est (heureux) de prendre rendez-vous le 19.
(*b*) La (nouveau) directrice des ventes? C'est Madame Dupont.
(*c*) C'est la (meilleur) firme de la région.
(*d*) Les directrices sont très (jeune).
(*e*) L'entreprise est (petit).
(*f*) La société Carnot est (grand).
(*g*) Les représentants sont (intelligent).
(*h*) Vous êtes (content), madame?
(*i*) Les directeurs sont (ravi) de la conversation (téléphonique).
(*j*) Les (meilleur) entreprises sont ici.

---

la directrice *female director*   **ravi** *delighted*
la région *region, area*   **content** *pleased*

---

7 You want to make appointments on the dates circled on the calendar on the next page. How do you say them in French?

8 How would you write the following in French?

(*a*) Dear Sir.
(*b*) Dear Sirs.
(*c*) Following our telephone conversation.
(*d*) Thanking you in advance.
(*e*) Yours sincerely.

9 Insert the correct form of the verb in these sentences:

(*a*) Je vous (passer) Monsieur Legrand.
(*b*) Nous vous (remercier) de votre lettre.
(*c*) Elles (travailler) à Paris.
(*d*) Vous (être) bien aimable.
(*e*) Je (aimer) l'hôtel Mercure.

Calendrier 1990

1990 JANVIER	**FÉVRIER**	**MARS 1990**
D 7 14 21 28	D 4 11 18 25	D 4 11 18 25
L 1 8 15 22 29	L 5 12 19 26	L 5 12 19 26
M 2 9 16 23 30	M 6 13 20 27	M 6 13 20 27
M ③ 10 17 24 31	M 7 14 21 28	M 7 14 21 28
J 4 11 18 25	J 1 8 15 22	J 1 8 15 22 29
V 5 12 19 26	V 2 9 16 23	V 2 9 ⑯ 23 30
S 6 13 20 27	S 3 10 17 24	S 3 10 17 24 31

AVRIL	**MAI**	**JUIN**
D 1 8 15 22 29	D 6 13 20 27	D 3 10 17 24
L 2 9 16 23 30	L 7 14 21 28	L 4 11 18 25
M 3 10 17 24	M ① 8 15 22 29	M 5 12 19 26
M 4 11 18 25	M 2 9 16 23 30	M 6 13 20 27
J 5 12 19 26	J 3 10 17 24 31	J 7 14 21 28
V 6 13 20 27	V 4 11 18 25	V ① 8 15 22 29
S 7 14 21 28	S 5 12 19 26	S 2 9 16 23 30

JUILLET	**AOÛT**	**SEPTEMBRE**
D 1 8 15 22 29	D 5 12 19 26	D 2 9 16 23 30
L 2 9 16 23 30	L 6 13 20 27	L 3 10 17 24
M 3 10 17 24 31	M 7 14 21 28	M 4 11 18 25
M 4 11 18 25	M 1 8 ⑮ 22 29	M 5 12 19 26
J 5 12 19 26	J 2 9 16 23 30	J 6 13 ⑳ 27
V 6 13 20 27	V 3 10 17 24 31	V 7 14 21 28
S 7 14 21 28	S 4 11 18 25	S 1 8 15 22 29

OCTOBRE	**NOVEMBRE**	**DÉCEMBRE**
D 7 14 21 28	D 4 11 18 25	D 2 9 16 23 30
L 1 8 15 22 ㉙	L 5 ⑫ 19 26	L 3 10 17 24 31
M 2 9 16 23 30	M 6 13 20 27	M 4 ⑪ 18 25
M 3 10 17 24 31	M 7 14 21 28	M 5 12 19 26
J 4 11 18 25	J 1 8 15 22 29	J 6 13 20 27
V 5 12 19 26	V 2 9 16 23 30	V 7 14 21 28
S 6 13 20 27	S 3 10 17 24	S 1 8 15 22 29

10 How would you say . . . ?

(*a*) I would like to make an appointment on the 4th of March.

(*b*) No, I work in York.

(*c*) Our company is very large.

(*d*) Mr. Green is our representative.

(*e*) Miss Plantet is the sales manager.

2 Booking a hotel by telephone and by letter

Première partie

From his Leeds office John Brown phones a hotel in the Paris region to book his room.

Dialogue

John Brown	(*Il compose le numéro*) Zero dix trente-trois un quarante-cinq soixante-trois zéro huit vingt-sept.
Réceptionniste	Allô, Hôtel Mercure.
John Brown	Bonjour, madame. Est-ce que vous avez des chambres pour la nuit du 19 juin?
Réceptionniste	Attendez un instant monsieur. Oui, nous avons des chambres. Qu'est-ce que vous voulez comme chambre?
John Brown	Une chambre pour une personne.
Réceptionniste	Nous avons une très belle chambre, avec salle de bains et W.C. privés. Elle est au deuxième étage.
John Brown	C'est combien?
Réceptionniste	Cent cinquante francs, monsieur.
John Brown	Très bien. Est-ce qu'il y a un restaurant dans l'hôtel?
Réceptionniste	Non, mais il y en a plusieurs dans le quartier. Vous pouvez choisir entre le Coq d'Or et le Gadin, par exemple. Ils sont tout près d'ici.
John Brown	Bon, alors, est-ce que vous pouvez me réserver la chambre, s'il vous plaît?
Réceptionniste	Mais oui, certainement.

composer *to dial*
la chambre *(bed)room*
pour *for*
la nuit *the night*
attendre *to wait, wait for*
un instant *a moment*
qu'est-ce que? *what?*
vous voulez *you want, you will*
comme *as*
la personne *person*
la salle de bains *bathroom*
W.C. [say **vay say**] *W.C.*
privé *private*
le deuxième étage *second floor, storey*

c'est combien? *how much is it?*
cent cinquante *a hundred and fifty*
il y a *there is, there are*
dans *in*
plusieurs *several*
le quartier *district, area*
vous pouvez *you can, may*
pouvoir *to be able*
avoir *to have*
choisir *to choose*
entre *between*
tout près d'ici *close by*
réserver *to book*
certainement *certainly*

Explications

Telephone bookings

When telephoning France from England, first dial 010 33, followed by 1 if the call is to Paris. Then dial the customer's eight-digit number. Visitors to France may be surprised by the relatively low cost of French hotel rooms and restaurants, even in Paris.

Comment ça marche

1 *The preposition* à

The preposition **à**, when used in combination with a definite article, changes its form in the following ways:

à + **le**   becomes **au**
à + **la**   remains unchanged
à + **l'**   remains unchanged
à + **les** becomes **aux**

In these combinations it means *at the*, *to the*, *on the*, or *in the*, as in these examples:

La chambre est **au** deuxième étage.	*The room is on the second floor.*
Il est **à** l'hôtel.	*He is at the hotel.*
Ils arrivent **à la** gare SNCF.	*They will arrive at the station.*
Je travaille **aux** Etats Unis.	*I work in the United States.*
M. Dupont va **au** bureau.	*M. Dupont is going to the office.*

2   *Commands*

When giving a command, use the **vous** form of the present tense without the **vous** pronoun:

vous attendez	*you wait*	attendez	*wait!*
vous regardez	*you look*	regardez	*look!*

Attendez un instant   *Wait a moment*

3   un, une: *a*

In grammatical terms, this is called the indefinite article (as opposed to the definite articles **le**, **la**, and **les**). It has two forms: **un** for masculine singular words, and **une** for feminine singular words. They both mean *a*:

un homme d'affaires	*a business man*
une directrice	*a (female) director*

4   *The preposition* de

When **de** is used in combination with a definite article it changes its form in a similar way to **à**:

de+**le** becomes **du**
de+**la** remains unchanged
de+**l'** remains unchanged
de+**les** becomes **des**

De used in this way means *some* or *any*. For example, John Brown asked:

Vous avez **des** chambres? *Have you got **any** rooms?*

and the receptionist replied:

Oui, nous avons **des** chambres. *Yes, we have (**some**) rooms.*

Further examples:

du bois	(*some*) wood
de l'acier	(*some*) steel
de la laine	(*some*) wool
des matières premières	(*some*) raw materials

N.B. In English we often omit the word *some*. In French, **de** + an article is almost always used.

5 *Est-ce que?*

Another way to ask a question is to begin the sentence with **Est-ce que?** So another way of saying **Il y a un restaurant?** is **Est-ce qu'il y a un restaurant? Est-ce que** can in fact be used to convert most straightforward sentences into questions:

Est-ce que vous avez une chambre?	*Have you a room?*
Est-ce qu'il y a un nouveau produit?	*Is there a new product?*
Est-ce que les échantillons sont ici?	*Are the samples here?*

6 Qu'est-ce que? *What?*

One way to translate an English question starting with *What . . . ?* is to use **Qu'est-ce que . . . ?**:

Qu'est-ce que vous voulez?	*What do you want?*
Qu'est-ce que c'est?	*What is it?*
Qu'est-ce qu'il y a comme chambres?	*What kind of rooms are there?*

7 En *of them*

En was used in the sentence **Il y *en* a plusieurs**, *There are several **of***

them. It refers to the restaurants without repeating the noun and is often used with numbers and expressions of quantity:

Il y a combien de restaurants?	*How many restaurants are there?*
Il y **en** a cinq.	*There are five (of them).*

8   *More regular verbs*

The second and third groups of irregular verbs contain those whose infinitive ends in **-ir** and **-re**, for example attend**re**, *to wait* and chois**ir**, *to choose*.

To work out the present tense of these verbs you knock the **-re** or **-ir** off the infinitive and then add the following endings:

attendre	
j'attend**s**	nous attend**ons**
tu attend**s**	vous attend**ez**
il/elle attend	ils/elles attend**ent**

choisir	
je chois**is**	nous chois**issons**
tu chois**is**	vous chois**issez**
il/elle chois**it**	ils/elles chois**issent**

9   *An important irregular verb:* avoir

Avoir means *to have*; it is totally irregular, and so must be learned specially. Here is its present tense:

j'ai	nous avons
tu as	vous avez
il/elle a	ils/elles ont

The plural forms should all be liaised when spoken, which means that you should pronounce the normally silent **s** in **nous**, **vous**, **ils** and **elles** as **z** so that the words run smoothly together:

nous___avons   vous___avez   ils___ont

You can see the same effect in the English pronunciation of *his___apples*.

Exercices

1 Put in the correct form of **avoir**:

(*a*) L'hôtel Beauséjour _____ douze chambres.
(*b*) Est-ce que vous _____ une chambre?
(*c*) Les directeurs _____ des chambres au premier étage.
(*d*) Tu _____ rendez-vous avec Monsieur Deferre, Paul?
(*e*) Oui, je _____ rendez-vous demain.

2 Translate the following using **au**, **à la**, **à l'**, or **aux**:

(*a*) He is at the restaurant.
(*b*) She works at the office.
(*c*) The restaurant is on the ground floor.
(*d*) There is a meeting at the factory today.
(*e*) He gives the message to the managers.

le bureau *office*	**l'usine** (f.) *factory*
le rez-de-chaussée *ground floor*	**donner** *to give*
la réunion *meeting*	**le message** *message*

3 Add the correct form of the verb to these commands:

(*a*) (Parler) plus fort!
(*b*) (Choisir) le meilleur hôtel!
(*c*) (Attendre) un instant, madame!
(*d*) (Réserver) la chambre 10, s'il vous plaît!
(*e*) Ne (quitter) pas, monsieur!

plus fort   *louder* (lit. *more loud*)

4 Role play You arrive at the Hôtel Bellevue rather late!

Réceptionniste	Bonsoir, monsieur.
Vous	*Say good evening and ask if they have a room with a bathroom.*
Réceptionniste	Je regrette, monsieur, nous avons seulement une chambre avec douche, au premier étage.
Vous	*Ask how much it is.*
Réceptionniste	Elle est à cent vingt francs.
Vous	*Say that's O.K. Ask if there is a lift.*
Réceptionniste	Oui, monsieur. Regardez, il est en face du bar.
Vous	*Very good. Ask if you can park outside the hotel.*
Réceptionniste	Non, monsieur, mais vous pouvez garer votre voiture derrière l'hotel.

---

bonsoir *good evening*	**le bar** *bar*
je regrette *I'm sorry*	**stationner** *to park*
la douche *shower*	**devant** *in front of*
l'ascenseur (m.) *lift*	**garer une voiture** *to park a car*
en face de *opposite*	**derrière** *behind*

Deuxième partie

On the following page is the letter used by Philip Batchelor to book a room.

le nom *name*	**vos** *your* (pl.)
au nom de *in the name of*	**les tarifs** (m.) *prices*
je serais *I would be*	**par retour du** *by return*
reconnaissant *grateful*	**le courrier** *post*
communiquer *to send, communicate*	

Explications

1 Post codes The code is made up of five numbers: the first two refer to the **département** and the other three refer to the local post

Philip Batchelor's letter booking a hotel room.

Simon Bros.
18, Finkle Street,
Birmingham B2 8PR

Le Directeur,
Hôtel de France,
8, rue de la Gare,
69310 Mâcon,
FRANCE.

Birmingham, le 25 avril 1988

Monsieur,

Je vous prie de bien vouloir me réserver, au nom de Batchelor, une chambre pour deux personnes, avec salle de bains et W.C. privés, pour les nuits du 6, 7, 8 et 9 mai.

Je vous serais reconnaissant de bien vouloir me communiquer vos tarifs et de confirmer la réservation par retour du courrier.

Veuillez agréer, Monsieur, l'expression de mes sentiments distingués.

Le Directeur commercial

Philip Batchelor

Philip Batchelor

office. There are 96 **départements** in all: the 69 in this code refers to Rhône.

2   The hallmark of French commercial correspondence is its extreme politeness, often conveyed by set phrases such as:

Je vous prie de bien vouloir . . .	*Please . . .*
Je vous serais reconnaissant de bien vouloir . . .	*I would be grateful if you could . . .*

Comment ça marche

1   *Possessive adjectives: 'my', 'your', etc.*

Like all adjectives in French, these agree in number and gender with the noun they qualify:

gender and number of noun being described	*my*	*your*	*his/her/ its*	*our*	*your*	*their*
masc. sing.	mon	ton	son	notre	votre	leur
fem. sing.	ma	ta	sa	notre	votre	leur
masc. and fem. plur.	mes	tes	ses	nos	vos	leurs

For example:

le passeport	mon passeport
la valise	ma valise
les directeurs	mes directeurs

Take care though when you use **son** and **sa**, and make them agree with the thing being owned, and not the owner:

le passeport de Jean-Louis	*becomes* **son** passeport	(***his*** *passport*)
le passeport de Claire	*becomes* **son** passeport	(***her*** *passport*)
le valise de Marc	*becomes* **sa** valise	(***his*** *suitcase*)
la valise de Nadine	*becomes* **sa** valise	(***her*** *suitcase*)

N.B. For singular nouns beginning with a vowel, use **mon, ton,** and **son** even if the noun is feminine:

mon adresse	*my address*
ton agence	*your agency*
son exposition	*his/her exhibition*

Exercices

5 This was the reply to the above letter on p. 21. Translate it into English.

Hôtel de France

8, rue de la Gare,
69310 Mâcon
France.

Monsieur Philip
   Batchelor,
Simon Bros.,
18, Finkle Street,
Birmingham BH2 8PR,
England.

Mâcon, le 30 avril 1988

Monsieur,

Nous vous remercions de votre lettre du 25 avril et nous avons retenu une chambre pour deux personnes avec salle de bains et W.C. privés au prix de 175FF, pour les nuits du 6, 7, 8 et 9 mai. Veuillez trouver ci-joint notre dernière brochure et nos tarifs.

Dans l'attente de vous recevoir, nous vous prions d'agreér, Monsieur, l'expression de nos sentiments les meilleurs.

Le Directeur

Jean-Claude Pasquale

Jean-Claude Pasquale

PJ1 pièce

---

nous avons retenu *we have booked*	**les tarifs** *prices*
retenir *to book, reserve*	**dans l'attente de vous recevoir** *looking forward to seeing you* (lit. *in the expectation of receiving you*)
le prix *the price*	
ci-joint *enclosed*	
dernier (-ère) *last, latest*	**PJ (Pièce Jointe)** *enclosure*
la brochure *brochure*	

---

6   Use the correct form of the possessive adjective.

(*a*)   (Notre) clients exigent les délais de livraison de six semaines.
(*b*)   Est-ce que (mon) proposition vous intéresse?
(*c*)   (Votre) frais de transport sont assez élevés.
(*d*)   L'appareil répond à (leur) exigences.
(*e*)   (Son) brochures sont périmées.

---

exiger *to demand*	**élevé** *high*
les délais de livraison *delivery time*	**l'appareil** (m.) *appliance, piece of equipment*
la proposition *proposal*	**répondre à** *to reply to, fit*
intéresser *to interest*	**les exigences** (f. pl.) *requirements*
les frais (m.pl.) *costs*	**périmé** *out-of-date*
assez *rather, fairly*	

---

7   Write a letter to the Hôtel Belvédère in Caen, requesting a room for one with shower and W.C. for the 12th, 13th and 14th October. Ask for a price list and confirmation of the booking. Add a suitable ending.

8   Here are the names and addresses of some hôtels. Use the departmental map to find out in which department each one is situated.

(*a*)   Hôtel de la Poste
   2, av de la Libération
   71120 Charolles

(*b*)   Le Moulin de l'Abbaye
   1, rte de Bourdeilles
   24310 Brantôme

(*c*) Hostellerie du Seigneur
       Place du Seigneur
       30126 Tavel

(*d*) Hôtel des Deux Rocs
       Place Font d'Amont
       83440 Seillans

(*e*) Hôtel des Vannes et ses Résidences
       6, rue Porte-Haute
       54460 Liverdun

France is divided into 95 administrative areas called '*départements*'. Each department has a chief town (*chef-lieu*) with a *Préfecture* and a *Préfet* who is responsible for the local government of this department. Each has a code number which forms the first two figures of the postal code for each town, and also appears on the number plate of all French cars.

3 Travelling in France, checking into a hotel, obtaining money

Première partie

John Brown arrives at the airport.

Dialogue

Voix du pilote   Nous venons d'atterrir à Roissy-Charles de Gaulle.

(*Quelques minutes plus tard, à la livraison de bagages*)

John Brown   Où sont mes bagages? Oh là là, je vais manquer la navette!

(*Il trouve ses bagages et court à la station de taxis*)

Chauffeur   C'est pour où, monsieur?

John Brown   Je vais à Clamart, l'hôtel Mercure.

Chauffeur   D'accord. Dites donc, vous n'avez pas votre valise?

John Brown   Ma valise? Ah oui, merci monsieur.

(*Une heure plus tard*)

Chauffeur   Nous voilà à l'hôtel Mercure.

John Brown   Je vous dois combien?

Chauffeur   Ca fait 265F, monsieur.

John Brown   Ciel! J'ai juste assez d'argent. Tenez, et gardez la monnaie.

Chauffeur   Merci monsieur, au revoir.

(*A la réception*)

Réceptionniste   Bonsoir, monsieur.

John Brown   Bonsoir, mademoiselle. Je m'appelle John Brown. J'ai une réservation pour une chambre.

Réceptionniste	Oui, Monsieur Brown. Voulez-vous remplir cette fiche, s'il vous plaît? Vous avez la 12. C'est la meilleure chambre de l'hôtel. Le portier va vous monter votre valise, si vous voulez.
John Brown	Oui, je veux bien. Où est-ce que je peux changer de l'argent?
Réceptionniste	Il y a une banque au coin de la rue. C'est la Société Générale. Ou il y a le Crédit Lyonnais qui se trouve Rue St. Philippe, si vous voulez.
John Brown	Merci . . . Et quand est-ce qu'on sert le petit déjeuner?
Réceptionniste	A partir de sept heures, monsieur.
John Brown	Je voudrais acheter du dentrifice. Il y a une pharmacie près d'ici?
Réceptionniste	Mais oui, monsieur. Il y en a une juste à côté. Mais, si vous voulez faire plus d'achats, allez plutôt au supermarché, rue de la Paix.
John Brown	Vous êtes bien aimable. A tout à l'heure!

(*A la banque, au guichet*)

John Brown	Je voudrais changer des chèques de voyages, s'il vous plaît.
Caissière	Signez les chèques et donnez-moi votre passeport, s'il vous plaît.
John Brown	Mon passeport? Bien sûr. Tenez. Le taux de change est à combien aujourd'hui?
Caissière	La livre sterling est toujours à 10F25.
John Brown	Bien. Alors, je voudrais aussi changer de l'argent liquide, 46 livres sterling, s'il vous plaît.
Caissière	Pas de problème, Monsieur Brown. Passez à la caisse.
John Brown	Comment? Je ne comprends pas.
Caissière	Si vous passez à la caisse, la caissière va vous donner votre argent.

la voix *voice*	**quelques** *some, a few*
venir de (faire) *to have just*	**plus tard** *later*
(done)	**la livraison de bagages** *baggage*
atterrir *to land*	*reclaim*

où? *where?*

les bagages (m.pl.) *luggage*

oh là là! *expression of surprise/alarm*

je vais (aller) *I am going (to go)*

manquer *to miss*

la navette *shuttle*

la station de taxis *taxi rank*

le chauffeur *driver*

nous voilà *here we are*

faire *to make, do*

je vous dois combien? *how much do I owe you?*

ciel! *good heavens!*

garder *to keep*

la monnaie *change*

je m'appelle (s'appeler) *my name is (to be called)*

la réservation *reservation*

remplir une fiche *to fill (in) a form*

le portier *porter*

monter *to go up, take up*

changer *to change*

l'argent (m.) *money*

la banque *bank*

au coin de la rue *at the corner of the street*

ou *or*

se trouver *to be situated* (lit. *to find itself*)

servir (irreg.) *to serve*

le petit déjeuner *breakfast*

à partir de *(starting) from*

acheter *to buy*

le dentifrice *toothpaste*

la pharmacie *chemist's*

près de *near*

à côté de *next to*

plus de *more*

l'achat (m.) *purchase*

plutôt *rather*

le supermarché *supermarket*

à tout à l'heure! *see you later!*

le guichet *counter*

le chèque de voyage *traveller's cheque*

signer *to sign*

bien sûr *of course*

le taux de change *(exchange) rate*

aujourd'hui *today*

toujours *always, still*

l'argent liquide *cash*

pas de problème *no problem*

la caisse *till, cash-desk*

Comment? *What?/Pardon?*

comprendre *to understand*

la caissière *cashier*

Explications

1 John Brown said goodbye with **A tout à l'heure!** (*See you later!*). You can also use **A bientôt!** (*See you soon!*) or **A jeudi!** (*See you on Thursday!*).

2 When giving the taxi driver the money John Brown said **Tenez!** In this context it means **Here!** or **Take this!**. It can also be used to attract someone's attention: **Tenez, je vais vous expliquer.** (*Look, I'll explain to you.*)

3 When talking about the cost or price of something, the verb **faire** is often used:

Combien fait cette table?	*How much is this table?*
Elle fait 250F.	*It's 250 francs.*
Ça fait . . .	*That'll be . . .*

4 Tipping. Taxi drivers expect a tip of at least 12–15%. Many hotels include service and taxes on the bill although the porter in a large hotel should be tipped 5–10 francs in addition. Tip the garage attendant who washes your windscreen and checks your oil – a few francs. Tipping is not usual at stations and airports. Restaurants often add 15% to your bill automatically: look out for these words on the menu:

Prix service compris (15% sur le prix hors service).
Prix net – Toutes Taxes Comprises.
STC (Service et Taxes Compris).
TVA et Service Compris (T.V.A. is the equivalent of V.A.T.).

5 The idiomatic use of the verb **dire** should be noted, in **Dites donc!**, *Hey! I say!* The word **donc** reinforces the verb in this instance. It also means *therefore, so, thus*. You may also hear it in its familiar form: **Dis donc!**

6 John Brown asked **A quelle heure est-ce qu'*on sert* le petit déjeuner?**, meaning *What time do you serve breakfast?* or *What time is breakfast served?*. You will often find **on** being used to avoid the passive voice (i.e. *is served*), which occurs far less frequently in French than in English.

Comment ça marche

1 Acheter, préférer, *and* appeler

Some **-er** verbs have an irregularity in parts of the present tense. For example:

appeler	nous **appelons**	*but* je m'appelle John Brown
préférer	si vous **préférez**	*but* si tu préfères
acheter	vous **achetez**	*but* il achète des fruits

Acheter, appeler and **préférer** are all **-er** verbs with a difference, and are sometimes referred to as *1, 2, 3 and 6* verbs because the irregularity appears in the first, second, third and sixth persons (**je, tu, il/elle/on**, and **ils/elles**).

acheter	préférer	appeler
j'achète	je préfère	j'appelle
tu achètes	tu préfères	tu appelles
il achète	il préfère	il appelle
elle achète	elle préfère	elle appelle
nous achetons	nous préférons	nous appelons
vous achetez	vous préférez	vous appelez
ils achètent	ils préfèrent	ils appellent
elles achètent	elles préfèrent	elles appellent

The reason for these changes is stress! If, for example, you take the verb **acheter**, the infinitive is pronounced *ashtay*, with a stress on the two *a* sounds. If you add the fourth or fifth person endings you get *ashtaw(n)* and *ashtay*, still with two stresses. If, however, you add the regular first, second, third or sixth person endings you get *asht*, and the verb loses its stress pattern – for this reason, we add a grave accent and get *ashett*. The same need to retain even stresses is behind all such changes. For more of these verbs see the lists at the back of the book.

2   Aller + *the infinitive: 'to be going to (do)'*

This is a very useful way of talking about the future without actually using the future tense (see p. 94). It consists of the present tense of **aller** and the infinitive of the relevant verb:

Je **vais manquer** la navette	*I'm going to miss the shuttle*
Le portier **va** vous **monter** votre valise	*The porter is going to/will take up your suitcase.*

3   Je veux, je voudrais, *and* voulez-vous?

These mean respectively *I want, I would like*, and *will you?* (They come from **vouloir** *to want*.) They may be followed by an infinitive to express *I want to do, I would like to do*, and *will you do?*. For example:

Je voudrais une chambre avec douche.	*I'd like a room with a shower.*
Je voudrais parler à Monsieur Dumas.	*I'd like to speak to Monsieur Dumas.*

Je veux acheter des timbres. *I want to buy some stamps.*
Voulez-vous me suivre? *Will you follow me?*

Je voudrais is more polite than **je veux**.

Exercices

1 Put in the correct form of the verb **aller**.

(*a*) La secrétaire _____ téléphoner à Monsieur Martin.
(*b*) Vous _____ visiter Paris, Monsieur?
(*c*) Les directeurs _____ monter au troisième étage.
(*d*) Est-ce que je _____ manquer mon vol?
(*e*) Nous _____ manger au restaurant de l'hôtel ce soir.

2 Complete the sentences with **du, de la, de l', des**, or **de**.

(*a*) Le bureau _____ Monsieur Demarest est très confortable.
(*b*) Les restaurants _____ quartier sont assez chers.
(*c*) Au coin _____ la rue il y a une bonne librairie.
(*d*) Les chambres _____ hôtel ont tous les conforts.
(*e*) Le P-DG _____ entreprise s'appelle Dufour.

---

confortable *comfortable*   **tout** *all, every*
la librairie *bookshop*   **le confort** *comfort, amenity*

Watch out for the masculine plural form of the word **tout**.

Masculine singular tout   *Feminine singular* toute
Masculine plural   tou**s**   *Feminine plural*   toutes

---

3 Complete the following conversation, using the phrases in the box on the next page.

Où est-ce que vous allez, monsieur?
....

Vous êtes d'où?
....

Ah bon? Et qu'est-ce que vous allez faire en France?

....

Vous préférez l'Angleterre à la France?

....

Ca fait 300F, monsieur.

....

> Je vais faire des affaires.
> Ciel!
> Je vais à l'hôtel Dubarry à Clamart.
> Je suis de Leeds, dans le nord de l'Angleterre.
> J'aime les deux.

---

le nord   *north*   **les deux**   *both*

---

4   Use the correct form of the **-er** verb.

(*a*)   Ils s'(appeler) Eric et Jean-Michel.
(*b*)   Je (préférer) aller au cinéma.
(*c*)   Qu'est-ce que tu (acheter) au supermarché, Stéphane?
(*d*)   Les directrices des achats (préférer) travailler au sud de la France.
(*e*)   Où est-ce que vous (acheter) votre billet?

---

le cinéma *cinema*   **le billet** *ticket* (*also bank-note*)
le sud *south*

---

5   **Role play**   You are Mr Williams checking in at a hotel . . .

Réceptionniste	Bonjour, Monsieur Williams.
Mr Williams	*Say hello and ask if your room is ready.*
Réceptionniste	Mais oui, monsieur, c'est la 22, au quatrième étage.
Mr Williams	*Ask where the lift is.*
Réceptionniste	Tournez à droite, et il est juste à côte.

Mr Williams	*Ask when dinner is served.*
Réceptionniste	A partir de sept heures, monsieur.
Mr Williams	*Say you are going to change some money at the bank. Ask if she has your passport.*
Réceptionniste	Certainement, monsieur. Le voilà.
Mr Williams	*Say you'll see her later.*
Réceptionniste	A bientôt, Monsieur Williams.

---

prêt *ready*   **le voilà** *here it is*
le dîner *dinner*

---

6 See how many sentences you can make using the verbs in the boxes below and adding a few words to complete the sentence.

acheter
prendre
réserver
téléphoner
aller
présenter
manquer
changer
garder
signer
remplir
passer

je veux
je voudrais
je vais   +
il va
nous allons
on va

Deuxième partie

Les transports parisiens

Si vous arrivez par un vol en provenance de l'Angleterre (de Manchester ou de Gatwick par exemple), votre avion va atterrir à Roissy-Charles de Gaulle. C'est le plus moderne des aéroports parisiens et il se trouve à trente minutes du centre ville, au nord-est. Le moyen le plus simple de gagner le centre de Paris, c'est de prendre la navette. Il y a des départs de car toutes les quinze minutes. Le terminus est à la Porte Maillot ou à la Place Charles de Gaulle. Si vous devez traverser Paris, comme John Brown, il est plus facile, mais beaucoup plus cher, de prendre un taxi. Il y a aussi la possibilité très rapide et moins chère de prendre le Réseau Express Régional (le RER) de l'aéroport à la Gare du Nord.

A trente minutes au sud de Paris il y a Orly-Ouest, où le voyageur peut choisir parmi les lignes d'Air Inter et d'une douzaine d'autres compagnies intérieures. La moitié des lignes d'Air Inter assure des liaisons radiales entre Paris et les grandes villes de province (Lyon, Bordeaux, Marseille, Toulouse et Nice).

le vol *flight*	**le réseau** *network*
en provenance de *coming from*	**le voyageur** *traveller*
par exemple *for example*	**parmi** *among, from*
le moyen *means, way, method*	**la ligne** *line*
le départ *departure*	**la moitié** *half*
traverser *to cross*	**la liaison** *link*

Exercices

7   Répondez en français:

(*a*)   Quels sont les deux aéroports de Paris?
(*b*)   Comment s'appelle la ligne de métro ultra-rapide?
(*c*)   Où se trouve Orly-Ouest?
(*d*)   Comment est-ce que le voyageur qui arrive à Roissy peut gagner le centre de Paris?
(*e*)   Le trajet dure combien de temps?

More question words	
comment?	*how?*
combien?	*how much?*
combien de temps?	*how long?*
quel(s)/quelle(s)? + noun	*what? which?*

Comprehension 1

The following article comes from the newspaper **Le Figaro**

Un chauffeur peut-il refuser une course?

DOSSIER

Il est des cas où les chauffeurs peuvent refuser d'effectuer une course, notamment si vous voulez vous rendre dans une localité située hors de trois départements périphériques des Hauts-de-Seine, de la Seine-Saint-Denis et du Val-de-Marne. Il est toutefois tenu de vous conduire aux aéroports d'Orly et de Charles-de-Gaulle et de ces derniers vers n'importe quelle destination.

Il peut également ne pas vous prendre si vous voulez occuper la place à côté de lui, si vous êtes accompagné de plus de deux grandes personnes (deux enfants de moins de dix ans comptent comme une personne), si vos bagages sont trop nombreux ou intransportables à la main, si vous êtes accompagné d'un animal, si vous vous trouvez à moins de 50 mètres d'une station pourvue de taxis libres. Si, en raison de votre tenue ou de vos bagages, l'intérieur de la voiture peut être sali ou détérioré un chauffeur peut en interdire l'accès. Enfin, il peut refuser de vous attendre dans une voie où le stationnement est limité, interdit ou impossible.

P.T.

Le Figaro, 28 septembre 1988

---

effectuer *carry out, make*	**tenu** *obliged*
la course *trip, journey*	**n'importe quelle** *any*
se rendre *to go*	**la tenue** *dress, appearance*

Questions

1   To which two places is the taxi-driver under obligation to take a passenger?
2   What might happen if you wanted to go from the Champs Elysées to Versailles?
3   What two passengers are counted as one?
4   How close to a taxi-rank with available taxis can you be before a driver can refuse to take you?
5   For what reason is the driver entitled to refuse to wait for you?

Comprehension 2

Here are some typical signs that you will find at French airports. Can you work out their meaning?

1	2	3	4	5

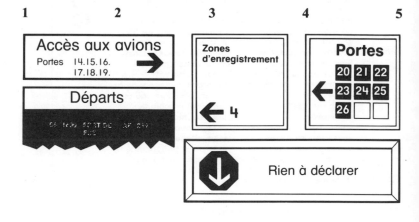

4 Arriving at the customer

Première partie

When John Brown arrives at the Société Carnot, he finds he has to
make some polite conversation!

Dialogue

Réceptionniste	Bonjour, monsieur. Je peux vous aider?
John Brown	Bonjour, madame. J'ai rendez-vous avec Monsieur Demarest.
Réceptionniste	Comment vous appelez-vous?
John Brown	Je m'appelle John Brown de la compagnie Alco. Je viens d'Angleterre.
Réceptionniste	Attendez, Monsieur Brown. Je vais téléphoner à la secrétaire de Monsieur Demarest, Madame Leroy. (*Quelques minutes plus tard.*) Vous pouvez monter à son bureau, monsieur.
John Brown	Euh . . . Je peux prendre l'ascenseur?
Réceptionniste	Bien sûr. Il est au bout du couloir, sur votre droite.
John Brown	Merci, madame.
John Brown	(*Essoufflé devant le bureau*) Ouf, je manque d'exercice . . . et l'ascenseur qui ne marche pas.
Madame Leroy	Il est en panne? Je suis désolée, Monsieur Brown. Vous n'êtes pas trop fatigué, j'espère.
John Brown	Non, ça va.
Madame Leroy	Monsieur Demarest est un peu en retard. Je pourrais vous offrir un café en attendant.
John Brown	Oui, volontiers.
Madame Leroy	Vous prenez du lait?
John Brown	Non, merci, je ne prends pas de lait.

Madame Leroy	Pas de sucre non plus?
John Brown	Si, si, j'en prends. J'adore le café français. Par contre, je ne prends jamais de café en Angleterre. Ce n'est pas du tout pareil.

pouvoir *to be able*	**offrir** *to offer, give*
venir *to come*	**en attendant (attendre)** *while*
quelques *some, a few*	*waiting (to wait)*
au bout de *at the end of*	**volontiers** *willingly, I'd love to*
le couloir *corridor*	**le lait** *milk*
ouf! *phew!*	**le sucre** *sugar*
marcher *to work* (i.e. *to*	**non plus** *either*
function), to walk	**si** *yes* (replying to a negative
être en panne *to be broken down*	statement)
désolé *sorry*	**adorer** *to love*
trop *too, too much*	**ne . . . jamais** *never*
espérer *to hope*	**pas du tout** *not at all*
en retard *late*	**pareil(le)** *same*

Explications

1 Ça va means *It's O.K., I'm all right* in the context of the dialogue. Use it also when you want to ask someone how they are and to tell them how you are!

Ca va? *How are you?*   Ca va bien, merci. *I am fine thanks.*

2 Faire is an especially important verb as it is used in so many expressions. Here are a few of them:

Quel métier faites-vous?	
Qu'est-ce que vous faites dans la vie?	*What do you do for a living?*
Ça ne fait rien.	*It doesn't matter.*
Ça fait 10 francs.	*That's 10 francs.*
Faites vite!	*Be quick about it!*
Il fait beau (mauvais).	*The weather's fine (bad).*
Il fait bon voyager.	*It's nice to travel.*
Puis-je téléphoner? Faites, je vous en prie.	*May I use the phone? Please do, by all means.*

3 Madame Leroy asked John Brown if she could get him a coffee:

Je pourrais vous offrir un café?   *Could I get you a coffee?*

This form of the verb **pouvoir** is very useful when asking politely for something. Another form of the same verb, **Je peux?**, means *May I?*. Used with **aider** it can commonly be heard in shops: **Je peux vous aider?** (*May I help you?*).

Comment ça marche

1   en: *some, of it, of them*

In English we often omit the words *some, of it* or *of them*. In French the word **en** must be used:

Vous ne prenez pas de sucre?	*Don't you take sugar?*
Si, j'**en** prends.	*Yes, I do (take some).*
Vous voulez des timbres?	*Do you want any stamps?*
Oui, j'**en** veux deux.	*Yes, I want two (of them).*
Vous avez beaucoup de clients?	*Do you have many customers?*
Oui, nous **en** avons beaucoup.	*Yes, we have a lot (of them).*

2   *Negatives*

There are various ways of making a statement negative in French, each generally consisting of two parts which go on either side of the verb:

Je **ne** suis **pas** en forme.	*I'm **not** fit.*
Il **ne** marche **pas.**	*It's **not** working.*
Je **ne** veux **rien.**	*I want **nothing.***
Je **ne** prends **jamais** . . .	*I **never** take . . .*
Il **ne** travaille **plus.**	*He is **no longer** working.*
Il **n'**y a **personne.**	*There is **nobody.***
Je **n'**ai **que** vingt francs.	*I have **only** twenty francs.*

After a negative **du, de la, de l', des, un**, and **une** become **de**:

Je prends du lait.	*I take milk.*
Je ne prends pas **de** lait.	*I don't take milk.*

If the verb is made up of an auxiliary and an infinitive, for example **Je veux acheter . . .** , the negative goes around the auxiliary: **Je** *ne* **veux** *pas* **acheter . . .** *I don't want to buy . . .*

Exercices

1 Reply to these negative questions with positive answers.
Exemple: Vous ne voulez pas **de** lait?
        Si, je veux **du** lait.

(*a*) Vous ne voulez pas de sucre?
(*b*) Vous n'avez pas de lait?
(*c*) Vous n'avez pas de valise?
(*d*) Elle n'a pas d'ordinateur?
(*e*) Le directeur n'attend pas de réponse?

---

l'ordinateur (m.) *computer*   **la réponse** *reply, answer*

---

2 Now answer these questions in the negative.
Exemple: Est-ce que Madame Leroy est ici? (le bureau)
        Non, elle est **au** bureau.

(*a*) Est-ce que vous restez au bureau? (la maison)
(*b*) Est-ce que les directeurs vont à Paris? (Lyon)
(*c*) Est-ce que vous allez à l'aéroport? (la gare)
(*d*) Il est au bureau? (l'usine)
(*e*) Vous allez au café? (les grands magasins)

---

la gare *station*   **les grands magasins** *department*
rester *to stay*   *stores*

---

3 Put in the correct form of **venir**.

(*a*) Le chef des achats ...... à quatre heures.
(*b*) C'est ça, je ...... à Paris vendredi.
(*c*) Elles ...... ensemble à l'usine.
(*d*) Nous ...... d'atterrir à Heathrow.
(*e*) L'avion ...... de décoller.

ensemble *together*	**décoller** *to take off*
l'avion (m.) *aeroplane*	

4 Make the following sentences negative using the form given in brackets.

(*a*) Il est chef des ventes. (ne ...... plus)
(*b*) Elle est fatiguée. (ne ...... jamais)
(*c*) Nous allons à la cantine à midi. (ne ...... pas)
(*d*) Ils arrivent en retard. (ne ...... pas)
(*e*) Choisissez l'hôtel Beauséjour! (ne ...... jamais)

Deuxième partie

Foires et Expositions

Si une entreprise participe à un Salon International il faut faire le bilan. Un stand coûte très cher. On loue un emplacement, on décore le stand, on emploie le personnel pour l'animer, on fait des démonstrations, on invite les gros clients, on distribue de la documentation.

Par contre l'entreprise va tirer beaucoup de bénéfices de cette participation. En plus des commandes fermes enregistrées pendant l'Exposition, l'entreprise aura également la possibilité de nouer des contacts avec la clientèle et le public, et de se mesurer avec la concurrence.

Ce genre de manifestation permet à l'entreprise d'avoir des contacts directs avec ses clients; de plus, avec des brochures et un stand attrayants, elle peut attirer d'autres clients potentiels qui passent devant l'emplacement. S'ils manifestent un intérêt quelconque pour les produits de l'entreprise, le responsable va prendre note de leur nom et l'adresse de leur société. Il demandera au service commercial de rendre visite à l'entreprise après l'exposition.

Les entreprises mettent également à la disposition du public une documentation détaillée, permettant à ces consommateurs potentiels de comparer les produits. Une entreprise peut ainsi renforcer son image de marque auprès du public.

Une foire commerciale est aussi l'occasion pour l'entreprise de voir tout ce qui se fait dans son domaine. C'est donc le moment d'observer ses concurrents et de chercher à savoir quels produits ont la faveur des acheteurs. Ainsi, en participant activement à une foire, une entreprise a l'opportunité de faire évoluer bénéfiquement sa stratégie et sa politique.

Comment évalue-t-on le succès de cette participation? On l'estime selon la fréquentation du public et selon le nombre de contacts pris avec les clients.

---

il faut *you must*
le bilan *balance*
le stand *stand*
louer *to hire, rent*
l'emplacement (m.) *pitch*
animer *to mastermind, to run*
distribuer *to distribute*
la documentation *paperwork*
par contre *on the other hand*
tirer *to derive*
les bénéfices *benefits, profit*
la commande *order*
en plus de *in addition to*
ferme *firm*
l'exposition (f.) *exhibition*
également *also, equally*
nouer *to tie, knot*
la concurrence *competition*
de plus *moreover*
attrayant (attirer) *attractive (to attract)*

manifester *to show*
quelconque *some (or other)*
le service commercial *sales department*
rendre visite à *to visit*
le consommateur *consumer*
renforcer *to reinforce*
l'image de marque *brand image*
auprès de *in the opinion of; with, next to*
la foire *trade fair*
l'occasion *opportunity*
se faire *to be done*
le concurrent *competitor*
chercher à *to seek to*
évoluer *to evolve*
la politique *policy*
selon *according to*
pris *taken*

Compréhension

Answer the questions in English.

1   What are the three main benefits to be derived from taking part in a trade fair?
2   How should a company follow up an enquiry made at the fair?

3 How can a company reinforce its brand image?
4 In what ways are exhibitions useful where competitors are concerned?
5 Name two criteria for assessing success.

Exercices

5 Role play Vous présentez vos produits au Palais des Expositions. Vous êtes au stand, un client arrive.

Vous	*Hello, Mr. Delattre. May I help you?*
M. Delattre	Oui, je voudrais avoir un exemplaire de votre documentation, et un catalogue s'il vous plaît.
Vous	*With pleasure. Our video is very interesting. Do you want to see it?*
M. Delattre	Oui, mais plus tard. En tout cas, votre stand est très bien aménagé.
Vous	*Thank you very much, the pitch is very expensive, but it gives us the chance to see our customers and to look at the competition.*
M. Delattre	D'après votre brochure vos prix sont très compétitifs!
Vous	*Yes, I think so too. May I offer you a drink?*
M. Delattre	Volontiers. Un whisky s'il vous plaît.

---

un exemplaire *copy*	**aménager** *to fit out*
la vidéo *video*	**je le crois** *I think so*
en tout cas *anyway*	**un verre** *a glass, drink*

---

6 Translate these sentences into French:

(*a*) The lift is at the end of the corridor, on the left.
(*b*) I'm very sorry, Miss Jones is late.
(*c*) My name is Bill Thompson.
(*d*) I never drink (take) coffee.
(*e*) Our prices are very competitive.

7 Put in the correct form of the verb:

(*a*)   Madame Leroy (attendre) dans son bureau.
(*b*)   Je ne (prendre) jamais de sucre.
(*c*)   Est-ce que je (pouvoir) vous offrir un verre?
(*d*)   L'avion (venir) de décoller.
(*e*)   Notre politique (aller) changer à cause de leur nouvelle stratégie.

8   On page 45 there is an advertisement from a business magazine called **Entreprendre**. Read it carefully, and then answer the following questions:

Comment dit-on en français?

(*a*)   Computer-aided design.
(*b*)   By taking part in these events.
(*c*)   Where can you find?
(*d*)   Please send me two copies of the calendar.
(*e*)   Order form.

Even in adverts there is the occasional spelling mistake; if you look up the French for *data bank* you will see that someone got it wrong! How should it have been spelt?

5 The meeting: formal introductions and settling down

Première partie

John Brown meets his customers and chats politely about this and that before getting down to business.

Dialogue

John Brown entre dans le bureau de René Demarest, directeur des achats.

René Demarest	Bonjour, Monsieur Brown. Je suis très heureux de faire votre connaissance.
John Brown	Enchanté, monsieur.
René Demarest	Asseyez-vous là, si vous voulez. Permettez-moi de vous présenter Jean-Marie Le Goff, notre chef des ventes.
John Brown	Très heureux de faire votre connaissance, Monsieur Le Goff.
Le Goff	Enchanté, Monsieur Brown. C'est la première fois que vous venez à Paris?
John Brown	Non, je connais assez bien Paris, mais pas sa banlieue.
René Demarest	Vous avez fait bon voyage, j'espère?
John Brown	Oui, merci, j'ai fait un excellent voyage.
René Demarest	Et dans quel hôtel logez-vous?
John Brown	A l'hôtel Mercure. Vous savez, c'est cet hôtel ultra-moderne en face de la Poste.
René Demarest	Ah oui, je le connais bien. Est-ce qu'il est confortable?

John Brown	Oui, il y a tout ce qu'il faut.
René Demarest	Parfait. Maintenant, si on est prêt, on peut commencer à parler affaires.
John Brown	Est-ce que cela vous dérange si je fume?
René Demarest	Faites, je vous en prie. Et voilà un cendrier.

---

faire la connaissance *to make the acquaintance*
asseyez-vous *sit down*
permettre *to permit, allow*
présenter *to present, introduce*
la première fois *the first time*
connaître *to know* (*be acquainted with*)
la banlieue *suburb*
loger *to stay*
savoir *to know* (*a fact*)
ce, cet, cette *this, that*

en face de *opposite*
tout ce qu'il faut *everything you might need*
parfait *excellent, perfect*
maintenant *now*
commencer à + *infin. to begin to*
parler affaires *to discuss business*
déranger *to bother, disturb*
fumer *to smoke*
le cendrier *ashtray*

Explications

1 When being introduced to someone for the first time, shake hands and say **Enchanté(e)**, **monsieur/madame/mademoiselle**. (*Pleased to meet you.*) This is the traditional phrase, but you can also simply say **Bonjour**, **monsieur/madame/mademoiselle**. (*Hello/Good morning/ Good afternoon.*) Don't leave out the **monsieur/madame/mademoiselle** – it is a vital part of any courteous greeting in French. You will also find that you shake hands whenever you meet someone for the first time in a day and again when you leave.

2 To introduce someone, say **Permettez-moi de vous présenter** *X*. The literal translation is *Allow me to introduce X to you*; again, this is the more formal French way of putting things. We would probably say *This is X*. Equally acceptable is **Je vous présente** *X*.

3 **Connaître** and **savoir** The verb **connaître** means *to know* or *to be acquainted with* a person or a place:

Vous connaissez déjà Toulouse? *Do you already know Toulouse?*

To *know about* something, or how to do something, is **savoir**:

Je sais que leurs produits sont bons.	*I know their products are good.*
Je sais conduire un camion.	*I know how to (I can) drive a lorry.*

Comment ça marche

1   *The past (perfect) tense*

In the dialogue John Brown was asked

Vous **avez fait** bon voyage?   *Did you **have** (lit. make) a good journey?*

He replied

J'ai fait un voyage excellent.   *I **had** an excellent journey.*

The perfect tense is used to describe a single, completed action in the past.

(*a*) *Perfect with* avoir. The perfect is usually formed by the present tense of **avoir** and the past participle (the equivalent of *made* or *spoken* in English).

Regular **-er**, **-ir** and **-re** verbs form the past participle like this:

group	infinitive	past participle
-er verbs	parler	parlé
-ir verbs	finir	fini
-re verbs	vendre	vendu

Hier j'ai parlé avec M. Brown.	*Yesterday I spoke to Mr Brown.*
Tu as fini ton repas?	*Have you finished your meal?*
Nous avons vendu le magasin il y a cinq ans.	*We sold the shop five years ago.*

Some verbs, like **faire**, have an irregular past participle. These can all be found in the verb tables at the back of the book.

(*b*) *Perfect with* être. There is also a small group of verbs which use **être** as an auxiliary verb rather than **avoir**. These are:

aller	*to go*	venir	*to come*
arriver	*to arrive*	partir	*to leave*
entrer	*to enter*	sortir	*to go out*
monter	*to go up*	descendre	*to go down*
naître	*to be born*	mourir	*to die*
rester	*to remain*	retourner	*to go back*
	tomber	*to fall*	

Derivations of the above verbs also belong to the group, e.g. **revenir** (*to come back*), **parvenir** (*to reach, succeed*), **rentrer** (*to return, go home*).

Il est arrivé à dix heures.	*He arrived at ten o'clock.*
Je suis né le 15 octobre 1959.	*I was born on* 15 *October* 1959.

When **être** is the auxiliary the past participle must agree with the subject of the verb:

Nous sommes allés à la foire.	*We went to the fair.*
Elle est partie lundi matin.	*She left on Monday morning.*

2 *Direct object pronouns*

Object pronouns are used to avoid repeating the object of a sentence in full. For example:

Je suis à l'hôtel Mercure . . . Ah oui, je **le** connais. *I'm at the Mercury Hotel . . . Oh yes, I know* **it**.

There are three such direct pronouns in French:

le	*him, it*
la	*her, it*
les	*them*

In a standard sentence the object pronoun immediately precedes the verb; **le** and **la** shorten to **l'** in front of a vowel.

> Je propose une réunion. Je **la** fixe pour demain. *I suggest a meeting. I'll fix it for tomorrow.*
> Monsieur Dumas n'est pas là. On **l'**attend toujours. *Mr. Dumas isn't here. We're still waiting for **him**.*
> Les vols Air-France? Je **les** aime beaucoup. *Air-France flights? I like **them** very much.*

If a verb is followed by an infinitive, the direct object pronoun precedes the infinitive.

Je vais **les** voir demain.	*I'm going to see **them** tomorrow.*
Je sais **le** faire.	*I know how to do **it**.*

3   *Questions by inversion*

By inverting the verb and subject pronoun of a sentence we have yet another way of asking questions in French. For example, in the dialogue John Brown was asked the question:

> Dans quel hôtel **logez-vous**?   *In what hotel are you staying?*

where the normal order of **vous logez** was reversed.

Note that with this method a hyphen must be inserted. Here are some other examples:

Avez-vous l'heure, s'il vous plaît?	*Have you got the time please?*
Faut-il partir tout de suite?	*Must we leave straight away?*
Allez-vous à l'hôtel?	*Are you going to the hotel?*

In the third person singular of **-er** verbs, the letter **t** must be inserted, with hyphens to link the verb and pronoun together:

Quand pense-**t**-elle arriver?	*When does she hope to arrive?*

4 Quel? *and* Quel!

Quel? is a question word meaning *Which?* or *What?* It changes in the same way as an adjective, according to the noun it describes:

	Masculine	*Feminine*
Singular	quel	quelle
Plural	quels	quelles

Dans quel hôtel logez-vous? *What hotel are you staying in?*
Vous arrivez à quelle heure? *What time are you arriving?*
Quelles matières premières utilise-t-on? *What raw materials do they use?*
Quels sont vos meilleurs produits? *What are your best products?*

Quel can also be used in exclamations, where it must still agree with the noun:

Quelle chance! *What good luck!*
Quel dommage! *What a pity!*

5 Ce: *this, that*

Ce means *this* or *that*. It changes its ending according to the noun it describes:

	Masculine	*Masculine* (*before a vowel or silent* **h**)	*Feminine*
Singular	ce	cet	cette
Plural	ces	ces	ces

ce produit, ce bureau
cet hôtel, cet événement
cette ligne, cette entreprise
ces produits, ces hôtels, ces usines, ces lignes

To differentiate more clearly between *this* and *that*, add **-ci** or **-là** to the noun:

> Ce bureau-ci est petit, ce bureau-là est grand. *This office is small, that office is large.*
>
> Cette entreprise-ci est efficace, cette entreprise-là est inefficace. *This firm is efficient, that firm is inefficient.*

6   Vouloir, pouvoir *and* savoir

Pouvoir and **savoir** behave very like **vouloir** (described on p 30). They are often used with the infinitive of another verb:

> Il **veut manger** à l'hôtel. *He wants to eat at the hotel.*
> On **peut parler** affaires. *We can talk business.*
> Elles **savent parler** anglais. *They can speak English.*

Pouvoir and **savoir** both translate *can*, but in different senses of the word:

> Je peux sortir? *Can I go out?* (i.e. *may I, am I allowed to?*)
> Tu sais conduire? *Can you drive?* (i.e. *do you know how to?*)

Exercices

1   Use the correct form of **ce**:

(*a*)   Je voudrais commander . . . produit.
(*b*)   . . . réunion est très intéressante.
(*c*)   Ils rentrent en Angleterre . . . matin.
(*d*)   . . . derniers jours nos produits ont eu beaucoup de succès. (**eu** = *had*)
(*e*)   . . . homme-là parle bien français.

2   Translate the following sentences which all use a form of **quel**.

(*a*)   What a noise!
(*b*)   Which representative is calling at the office today?
(*c*)   Which is the best supplier?
(*d*)   You are going back tonight? What a pity!
(*e*)   At what time do they hope to arrive?

le bruit *noise*	**le fournisseur** *supplier*
passer *to call*	**espérer + infin.** *to hope to*

3   Reply to the following questions using a direct object pronoun.
e.g. Vous voulez acheter les billets? Oui, je veux **les** acheter.

(*a*)   Vous voulez prendre les dépliants?
(*b*)   Vous pouvez envoyer les échantillons tout de suite?
(*c*)   Est-ce que votre secrétaire sait parler espagnol?
(*d*)   Vous savez concurrencer les Japonais?
(*e*)   Vous espérez passer la commande maintenant?

le dépliant *leaflet*	**concurrencer** *to rival*
envoyer *to send*	**passer une commande** *to place an*
un échantillon *sample*	*order*
tout de suite *immediately*	**maintenant** *now*

4   Read the following passage, and then re-write it using the past tense.

René Demarest quitte la maison à 7h30 et met trente minutes à conduire au bureau. Il parle à son chef des ventes et téléphone aux clients. Il sort au restaurant à midi et revient à 1h30. Il a une réunion a 2h. Il part vers 6h et rentre à la maison où il passe une soirée agréable avec Madame Demarest et leurs enfants.

Qu'est-ce qu'il a fait hier? (Hier il . . .)

Et vous, qu'est-ce que vous avez fait hier?

5   Translate these sentences:

(*a*)   I want to look at these documents.
(*b*)   May I speak to the accountant?
(*c*)   I know, it's quite difficult.
(*d*)   Do you know François Pernollet, the sales director?
(*e*)   She can use the computer.

l'expert-comptable *accountant*	**se servir de/utiliser** *to use*
assez *quite*	

Deuxième partie

Le premier meeting

Un rendez-vous n'offre pas la garantie absolue de rencontrer la personne dont va dépendre la commande. La secrétaire ou l'adjoint du directeur des achats va peut-être essayer de se substituer au directeur lui-même lors de la première présentation de votre marchandise. Il faut éviter cet écueil, en s'assurant du poids hiérarchique de la personne avec qui vous traitez.

L'acheteur de biens de consommation doit connaître les produits de ses concurrents, surtout dans les domaines de la qualité et des prix. L'acheteur industriel doit tenir compte du prix unitaire du produit, et de ses avantages techniques et financiers par rapport aux produits de la concurrence.

En tout cas il ne faut pas sous-estimer l'importance du meeting auquel vous allez assister.

---

dépendre de *to depend on*
l'adjoint *assistant*
se substituer à *to take the place of*
lors de *at the time of*
il faut + infin. *you must*
s'assurer *to make sure*
le poids *weight*
traiter *to deal*
les biens (m.) *goods, wealth*
la consommation *consumption*

dans les domaines de . . . *where . . . are concerned*
tenir compte de *to take account of*
le prix unitaire *unit price*
financier, -ière *financial*
par rapport à *compared with*
en tout cas *in any case*
sous-estimer *to underestimate*
assister à *to attend*

Une nouvelle entreprise à Clamart

La société Carnot, concessionnaire de meubles de bureau, vient de s'installer dans la zone industrielle de Clamart.

Située jusqu'à présent au centre de Paris, cette entreprise a décidé de trouver des locaux plus vastes pour assurer son expansion. Ces locaux modernes comprennent des ateliers, des entrepôts et un bâtiment administratif, grâce auxquels cette société espère créer, d'ici quelques années, des emplois pour le plus grand bien de la région.

le/la concessionnaire *agent, dealer*	**l'entrepôt** (m.) *warehouse*
les meubles *furniture*	**grâce auxquels** *thanks to which*
la zone industrielle *industrial estate*	**créer** *to create*
jusqu'à (présent) *until (now)*	**d'ici quelques années** *in a few*
les locaux (m.) *premises*	*years from now*
comprendre *to include, to*	**l'emploi** (m.) *job*
understand	**le bien** *the good, welfare*
l'atelier (m.) *workshop*	

Explications

1 In France business tends to be conducted in a more formal manner than is often the case in the UK. For example it is not usually possible to 'pop in' on a customer as you are passing his premises. You must make a definite appointment in advance.

2 Le franglais Many English words have now become incorporated into the French language. Here are a few of the most useful:

le business	le jogging	le design
le merchandising	le leader	le marketing
le camping	le manager	record (*as in* des
le fastfood	le speaker	chiffres records)
le weekend	(*announcer*)	le look
le budget	le hamburger	le standing

3 Gender of nouns These are not quite as random as it might at first seem! Here are some hints to help you learn them (always watch out for exceptions to the rule though!).

Feminine	
Nouns ending in:	*Examples*
-ion	expansion, situation, nation, conception
-té	santé, beauté, société, faculté
-ette	cigarette, navette, assiette
-ée	durée, année, marée

	Masculine
Nouns ending in:	*Examples*
-age	courage, sondage (*survey*), péage (*toll*), emballage (*packaging*), échantillonnage, dommages-intérêts (*damages*), tirage (*circulation*)
é	marché, relevé (*statement*)
-et	paquet, projet, effet, billet, intérêt
-ment	document, remboursement, classement, recrutement
-eau	bureau, tableau, réseau (*network*) *N.B.* l'eau *is feminine*

Comment ça marche

1   *Verb* + à/de + *infinitive*

Some verbs need the linking word **à** or **de** when there is a following infinitive, for example **dépendre de**, **se substituer à**, and **tenir compte de**, which all appeared in the first passage on p. 54.

> Ils vont essayer **de** se substituer au directeur. *They will try to take the place of the manager.*
> Cette entreprise a décidé **de** trouver des locaux plus vastes. *This firm has decided to find more spacious premises.*

Try to learn these as you come across them in the vocabulary lists, where they will be shown with **à** or **de**.

2   Devoir: *to have to, to owe*

Devoir is often followed by the infinitive; it is highly irregular;

> L'acheteur **doit connaître** les produits de ses concurrents. *The purchaser must know his competitors' products.*
> Vous **devez** nous **envoyer** quelques dépliants. *You must send us a few leaflets.*

Exercices

6 Role-play You are welcoming a French visitor, Claude Pasquier, to your factory.

Vous	*Say good morning to him and tell him you are very pleased to meet him.*
Claude Pasquier	Enchanté, monsieur.
Vous	*Introduce your chief accountant, Gordon Wilkins.*
Claude Pasquier	Très heureux de faire votre connaissance, Monsieur Wilkins.
Vous	*Invite him to sit down next to Mr Wilkins. Ask him which hotel he's staying in.*
Claude Pasquier	Au Crown Hotel.
Vous	*Ask him if it has all the necessary facilities.*
Claude Pasquier	Oui, oui, c'est très confortable.
Vous	*Say, good, now you can start to discuss business. Ask him if he has any samples.*
Claude Pasquier	Oui, bien sûr. Je vais vous les montrer.

---

le chef de comptabilité *chief accountant*

à côté de *next to, beside*
montrer *to show*

---

7 In preparation for an important meeting in France you jot down some key phrases which may be useful and translate them into French:

(a) You mustn't underestimate the competition.

(b) We hope to create a lot of jobs in this region.

(c) Where quality and price are concerned, your company has the best strategy.

(d) The order is going to depend on the opinion of the chief accountant.

(e) In comparison with the Japanese, our products are too expensive.

---

beaucoup de *a lot of, many*
l'avis (m.) *opinion*

trop *too*
cher, chère *expensive*

---

8   Practice using **ce**:

(*a*)   This appliance is too expensive.
(*b*)   Does that brochure interest you?
(*c*)   This hotel is very comfortable.
(*d*)   Those samples are quite interesting.
(*e*)   These overheads are too high.

---

les frais (m.) **généraux** *overheads*   **élevé** *high*
intéresser *to interest*

---

9   Use the correct form of the verb (don't forget the lists of irregular verbs on p. 227 if you need help).

(*a*)   Je (devoir) partir demain.
(*b*)   Les directeurs (vouloir) visiter Paris ce soir.
(*c*)   Ces locaux (comprendre) deux ateliers et un bâtiment administratif.
(*d*)   Il (devoir) tenir compte des faits.
(*e*)   Ces échantillons (pouvoir) vous intéresser.

10   Offres d'emploi

A personnel agency places an advert in **Le Monde**. Read it, on the next page, and then answer the following questions:

(*a*)   How do you say *Project leader* in French?
(*b*)   One firm is looking for a young R & D manager – in what location?
(*c*)   What job will be based in the Périgord region?
(*d*)   In what area is a Personnel Manager required?
(*e*)   A *CV* is the same in both languages, but here a different expression is used – what is it?

Le Cabinet SAPT a proposé aux lecteurs du MONDE les postes suivants:

- **BNS EMBALLAGE**   Reims   réf. 923–SL8
  INGENIEUR AM, INSA, ENSI...

- Une petite usine – une grande société   Normandie   réf. 957–SL1
  un jeune responsable – un poste complet
  **RESPONSABLE RELATIONS
  SOCIALES, GESTION,
  ADMINISTRATION**

- Aérospatiale   Paris   réf. 919–SL8
  JEUNE FINANCIER DES VENTES

- **SPATEL**   Saintes   réf. 948–SL2
  **INGENIEUR RECHERCHE
  ET DEVELOPPEMENT**

- **BALEO**   Amiens   réf. 902–SL3
  CHEF DE PROJET GPAO

- **JEUNE MANAGER**   proche   réf. 997–SL4
  ETUDES ET DEVELOPPEMENT   banlieue est

- **CHEF DU PERSONNEL**   ville bord   réf. 956–SL2
  230 000 +   de Loire

- **BONDAT EN PERIGORD**   réf. 968–SL2
  CHEF DES VENTES

Si vous êtes intéressé par l'un de ces postes, adressez votre dossier de candidature au Cabinet SAPT, en précisant la référence.

6 Presenting your company and your product

Première partie

John Brown begins the meeting by describing his company and its products. This dialogue and those in subsequent chapters are somewhat longer than the earlier dialogues. This is partly due to the more involved subject matter and partly a reflection of the French language itself which seeks clarity at all times, sometimes at the expense of brevity.

Dialogue

John Brown Pour commencer, Monsieur Demarest, je vais vous donner un bref aperçu de notre entreprise. Nous avons fondé Alco il y a quinze ans maintenant, et notre chiffre d'affaires atteint, aujourd'hui, les 50 millions de francs; notre effectif, lui, représente environ 150 personnes. Alco est une compagnie privée: 80% des actions appartiennent à Monsieur Goodison, notre P-DG. Les autres sont détenues en parts égales par les autres membres du conseil d'administration. Les exportations représentent déjà 35% de notre CA, et ce pourcentage ne cesse d'augmenter.

René Demarest Je crois que vous avez d'ailleurs fait construire une nouvelle usine.

John Brown Tout à fait. Nous venons de nous installer dans une nouvelle usine de 10 000 mètres carrés, très bien située: elle est à la fois proche des lignes ferroviaires, des autoroutes et des aéroports. Ces dernières années nous avons investi une partie de nos fonds dans un équipement de production des plus modernes et nous utilisons les techniques de la CAO et de la fabrication assistée par ordinateur.

Pour preuve de sa haute compétitivité, Alco s'engage à viser la plus haute qualité dans les domaines de la conception, de la production et du marketing de ses produits, tout en maintenant de stricts contrôles financiers . . . notre objectif étant d'obtenir de bons bénéfices pour nous et pour nos clients.

Aujourd'hui, Alco est un des principaux fabricants britanniques de meubles de bureau en kit, tels que bureaux, postes de travail, classeurs et placards. Notre part actuelle du marché est de 12%, et comme ce marché ne cesse de s'étendre, nous allons avoir l'opportunité d'accroître ce pourcentage.

René Demarest   Très intéressant. Nous avions déjà remarqué votre stand lors de la dernière exposition à Francfort et c'est pourquoi nous avons répondu à votre appel téléphonique.

John Brown   Nous savons que vous êtes un des principaux concessionnaires de meubles de bureau en France, et nous pensons que ce que nous faisons répond à ce que vous cherchez. En bref, nous pouvons nous compléter sur ce marché, puisque nos objectifs correspondent aux vôtres.

René Demarest   Il faut étudier la question, mais à priori votre proposition me semble très intéressante. Vous pouvez peut-être me parler un peu de vos produits . . . mais faisons une petite pause-café d'abord, si vous voulez bien.

---

l'aperçu (m.) *general survey, overview*	**tout à fait** *quite right*
fonder *to found, start*	**carré** *square*
le chiffre d'affaires (CA) *turnover*	**ferroviaire** (adj.) *railway*
atteindre *to reach*	**ces dernières années** *in recent years*
l'effectif *staff numbers, personnel*	**investir** *to invest*
environ *about*	**la partie** *part*
l'action (f.) *share*	**les fonds** (m.) *funds*
appartenir à *to belong to*	**la CAO (conception assistée par ordinateur)** *computer-aided design*
détenir *to hold* (*shares*)	
en parts égales *in equal parts*	**la fabrication** *manufacture*
le conseil d'administration *Board of Directors*	**s'engager à** *to undertake, be committed to*
ne cesser de (faire) *to keep on (doing)*	**viser** *to aim at, target*
augmenter *to increase*	**maintenir** *to maintain*
d'ailleurs *besides*	**financier** *financial*
faire construire *to have built*	**l'objectif** (m.) *aim*

étant *being*	**le placard** *cupboard*
les bénéfices (m. pl.) *profits*	**la part du marché** *market share*
les meubles (m.) *furniture*	**s'étendre** *to spread*
en kit *flatpack*	**accroître** *to increase*
tel que *such as*	**penser** *to think*
le bureau *desk*	**ce que** *what* (lit. *that which*)
le poste de travail *workstation*	**se compléter** *to complement each*
le classeur *filing cabinet*	*other*

Explications

1 The irregular verb **croire** is used in several very handy idiomatic expressions:

Je crois que oui.	*I think so.*
Je crois que non.	*I don't think so.*
Je veux bien le croire.	*I can well believe it.*
Je n'en crois rien.	*I don't believe a word of it.*
S'il faut en croire les journaux.	*If the papers are anything to go by.*
Vous pouvez me croire.	*You can take it from me.*

2 Many verbs are derived from **venir** (*to come*) and **tenir** (*to hold*), for example:

parvenir	*to reach, succeed*
convenir	*to agree*
se souvenir	*to remember*
revenir	*to come back*
maintenir	*to maintain*
retenir	*to retain, keep*
soutenir	*to support, back*
contenir	*to contain, hold*

This means that if you know all the irregularities of **venir** and **tenir**, you also know about all the derivations.

3 Numbers Use the word **numéro** for a number which identifies a thing, such as a telephone number, house or room number: **le numéro de téléphone, le numéro de la maison, le numéro de référence.** Use the word **chiffre** when you mean *digit* or *figure*: **Où sont les chiffres pour le mois de mars?** Use the word **nombre** when you mean a quantity: **le**

nombre de produits augmente chaque jour. (*The number of products increases each day*).

When writing numerals, be careful with the comma or lack of it!

34,5% (French) = 34.5% (English)

25 000 000 (French) = 25,000,000 (English)

Mille (*a thousand*) is invariable, e.g. **30 mille** (no **s**). However, **million** agrees: **un million, trois millions** (*one million, three million*). *One thousand million* is **un milliard.**

Comment ça marche

1 *Reflexive verbs*

(*a*) *The present tense.* When John Brown was describing his company he said:

> Alco **s'engage** à viser la plus haute qualité. *Alco **is committed** to aiming for perfection.*

There are many verbs like **s'engager** in French: they often imply that the action is done *by, for, on* or *to* the self:

> Il **se** substitue au directeur des ventes. *He takes the place of the sales manager* (lit. *he substitutes himself*).

Although many reflexive verbs are equivalent to English reflexives, there are a number of French reflexives which are expressed by a simple verb in English. Such verbs include:

se promener	*to go for a walk*
se plaindre	*to complain*
se servir (de)	*to use*

Here is one such verb fully conjugated in the present tense:

se renseigner *to make enquiries, to find out* (lit. *to inform oneself*)	
je **me** renseigne	nous **nous** renseignons
tu **te** renseignes	vous **vous** renseignez
il **se** renseigne	ils **se** renseignent
elle **se** renseigne	elles **se** renseignent

The reflexive pronouns **me**, **te**, and **se** shorten to **m'**, **t'**, and **s'** before a vowel or mute **h**:

| Je m'appelle . . . | *I am called . . .* (lit. *I call myself*) |
| Il s'habille | *He gets dressed* (lit. *he dresses himself*). |

(*b*) *Commands.* Commands keep the reflexive pronoun, but put it after the verb:

| Dépêchez-vous! | *Hurry up!* |
| Asseyez-vous. | *Sit down.* |

(*c*) *Perfect tense.* In the perfect tense, reflexive verbs use **être** as an auxiliary verb, and following the pattern of the other verbs in this group the past participle agrees in number and gender with the subject of the verb:

Ma femme s'est levée de bonne heure. *My wife got up early.*
Ils se sont débrouillés. *They coped.*

(*d*) *Negatives.* The negative goes around both the pronoun and the verb:

Elle **ne** se plaint **jamais**. *She never complains.*
Il **ne** s'est **pas** demandé pourquoi? *Didn't he wonder why?*

2   *Possessive pronouns: how to say 'mine', 'yours', etc.*

The possessive pronoun agrees with the thing possessed and not with the possessor, hence the four separate forms:

Thing possessed	Masculine singular	Feminine singular	Masculine plural	Feminine plural
Mine	le mien	la mienne	les miens	les miennes
Yours	le tien	la tienne	les tiens	les tiennes
His, hers	le sien	la sienne	les siens	les siennes
Ours	le nôtre	la nôtre	les nôtres	les nôtres
Yours	le vôtre	la vôtre	les vôtres	les vôtres
Theirs	le leur	la leur	les leurs	les leurs

Nos objectifs correspondent aux **vôtres**. *Our objectives match* ***yours***.
Vos produits sont intéressants mais **les miens** sont moins chers. *Your products are interesting but* ***mine*** *are cheaper (less expensive)*.

3 *Present participles*

John Brown says that Alco is committed to aiming high where product design, production and marketing are concerned

..., **tout en maintenant** de stricts contrôles financiers ...
..., ***while maintaining*** *strict financial controls* ...

The present participle of a verb is used to describe a continuing action – in this case the continuing maintenance of controls – often one which coincides with another action:

En sortant du bureau, j'ai rencontré le P-DG. *As I left the office, I met the Chairman.*

To form the present participle use the **nous** form of the present tense of the verb, knock off the **-ons** and add **-ant**:

en maintenant   *while maintaining*
en attendant   *while waiting*

It can be used either in a verbal construction as above or as an adjective, when it must agree with the noun it describes:

des livres intéressants   *interesting books*
des circonstances atténuantes   *attenuating circumstances*

4 *More about adjectives*

Here are a few more irregular adjectives:

Masculine singular	Masculine plural	Feminine singular	Feminine plural	
cher	chers	chère	chères	*dear, expensive*
ancien	anciens	ancienne	anciennes	*old, former*
actuel	actuels	actuelle	actuelles	*current*
vif	vifs	vive	vives	*lively, bright*

On p 9 you met the adjectives **nouveau**, **beau** and **vieux**. These three have an additional irregularity in the masculine singular when used before a noun beginning with a vowel:

un bel homme	*a good-looking man*
un nouvel ami	*a new friend*
le vieil appareil	*the old piece of equipment*

Here are some more exceptions (only singular forms are given as the plurals follow logically):

gros, grosse	*large, fat*
gras, grasse	*fat, oily*
épais, épaisse	*thick*
blanc, blanche	*white*
frais, fraîche	*fresh, chilly*
bas, basse	*low*
gentil, gentille	*nice*
fou, folle	*mad*
long, longue	*long*

When the singular form alrady ends in **-s** or **-x**, there is no need to add one in the plural.

N.B. When a plural noun has a preceding adjective, the indefinite article **des** changes to **de**:

de bonnes affaires	*good business*
de mauvais exemples	*bad examples*
de hauts bâtiments	*tall buildings*

Exercices

1   Reply to the question as in the example:

Vous vous intéressez à ces articles?
Oui, c'est ça, nous nous intéressons à ces articles.

(*a*)   Vous vous spécialisez dans les meubles de bureau?
(*b*)   Vous vous engagez à envoyer les brochures tout de suite?

(c) Est-ce que vous vous levez de bonne heure?
(d) Vous vous occupez des clients francophones?
(e) Est-ce que tu t'intéresses à l'exportation?

2 Role play You are presenting your company to Monsieur Fortier, in Lille.

M. Fortier	Parlez-moi un peu de votre sociéte, Monsieur Harding.
Vous	*Tell him that Supertex is a private company, and that you started it seven years ago. You have just moved into new premises in Hull.*
M. Fortier	Hull? Où est-ce?
Vous	*It's in the north of England, not far from York. Add that the factory is very well situated for transport by sea.*
M. Fortier	Quel est votre chiffre d'affaires?
Vous	*Say it's 3 million francs and the market keeps increasing. You use the most modern production equipment, especially computers.*
M. Fortier	Qui est votre P-DG?
Vous	*He is called Simon Peters. 75 per cent of the shares belong to Mr Peters. Tell him that you are a manufacturer of women's clothing and that you think that you can increase your share of the market.*

---

les transports maritimes *sea transport*	**des vêtements pour femmes** *women's clothing*
surtout *especially*	

---

3 Put in the correct form of the verb:

(a) Il (croire) au succès de ce produit.
(b) Je (se souvenir) de cet homme-là.
(c) Ils (revenir) jeudi prochain.
(d) Les autres membres du conseil d'administration (détenir) 20% des actions.
(e) Vos appareils (répondre) très bien à nos besoins.

4 Translate the following using **le mien** etc.

(*a*) Your factory is very big. Ours is quite small.
(*b*) Mr. Poiret's car is red, mine is blue.
(*c*) Our prices are low, theirs are high.
(*d*) My tickets are here, his are at the airport.
(*e*) His company manufactures men's clothing, yours makes women's clothing.

5 Complete with the correct form of the present participle.

(*a*) En (aller) à la foire ils ont vu un accident.
(*b*) En (investir) des fonds dans une nouvelle usine la société espère viser la plus haute qualité.
(*c*) En (faire) une pause-café ils ont continué a parler affaires.
(*d*) C'est une idée très (intéressant).
(*e*) Il m'a fait une proposition fort (surprenant).

6 Complete with the correct form of the adjective.

(*a*) Madame Demarest est une très (beau) femme, n'est-ce pas?
(*b*) A l'heure (actuel) nous sommes un des (principal) concessionnaires de vêtements pour enfants en France.
(*c*) J'ai acheté une voiture (italien) il y a six mois.
(*d*) Notre (nouveau) usine est à proximité de tous les grands axes routiers.
(*e*) Des produits (nouveau) prennent une place considérable dans la vie (quotidien).

Deuxième partie

Lille se trouve dans le nord de la France, tout près de la frontière belge. Son agglomération comprend 935 000 habitants, dont un quart vit dans Lille même. La principale industrie est le textile qui a connu beaucoup de problèmes pendant ces dernières années. Le réseau routier est très développé et bien entretenu: par exemple, on parvient aisément à Dunkerque ou Ostende. La loi de décentralisation de 1984 a également augmenté son pouvoir intrinsèque, et c'est ici qu'on trouve le siège central des services de planification pour la Picardie. L'industrie lainière essaie de surmonter tous ses problèmes pendant que la sidérurgie et l'industrie houillère sont en train de se moderniser.

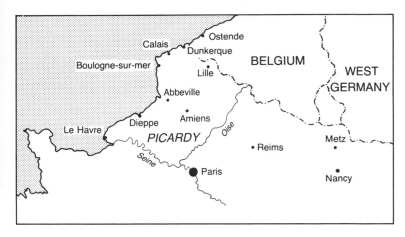

Les rivières et canaux sont reliés à la Seine par l'Oise. Pont-à-Vendin dans le pays minier et Lille en sont les ports principaux. Le réseau de voies ferrées est également très dense, avec plusieurs lignes internationales qui traversent la région.

Ville industrielle et commerçante, Lille est à la fois une capitale économique et un centre intellectuel et culturel avec son Université et son théâtre.

---

belge *Belgian*
l'habitant (*m.*) *inhabitant*
la loi *law*
le siège central *headquarters*
la planification *planning*
lainier *wool* (adj., used of industry)
surmonter *to overcome*

la sidérurgie *steel industry*
houiller *coal* (adj.)
en train de *in the process of*
relier *to link*
le pays *country, area*
la voie ferrée *rail track*
à la fois *at the same time*

Explication

For many years most aspects of French life have been centred on Paris. This remains the case to a large extent in spite of attempts to give the provinces a higher profile.

Exercices

7   Composez un pareil résumé de la ville de Bordeaux.

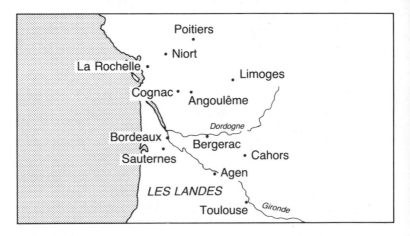

sud-ouest du pays – à la fois port et capitale régionale – importer pétrole, bois exotiques, phosphates – exporter vins, bois des Landes – agglomération bordelaise – 475 000 habitants – s'occuper des industries de transformation – par exemple – raffineries de pétrole, engrais, sucre, travail de bois – avoir liens avec côte occidentale de l'Afrique et l'Amérique du Sud – à 579 kilomètres de Paris.

---

le pétrole *oil*	**l'engrais** (m.) *fertilizer*
les Landes *region to south of*	**la côte** *coast*
Bordeaux	**occidental** *western*

---

8   Composez un pareil résumé de la ville où se trouve votre entreprise.

9   Make these statements into questions using inversion:

(*a*)   Il a pensé à prendre ses affaires.
(*b*)   Nous avons répondu à son appel téléphonique.
(*c*)   Il va en parler à son directeur.
(*d*)   Tu as décidé de prendre l'avion.
(*e*)   Ils ont accordé la détaxe à leurs clients.

10 Put in **du, de la, de l', de,** or **des** as necessary:

(*a*) Nous avons . . . bons rapports avec nos clients.
(*b*) Il y a . . . bon vin dans la région bordelaise.
(*c*) Les employés de cette entreprise ont . . . patrons sympathiques.
(*d*) Beaucoup . . . compagnies ont leur siège social à Paris.
(*e*) Ils viennent d'investir 20 millions . . . francs dans un équipement ultra-moderne.

11 Répondez aux questions:

(*a*) Comment s'appelle votre société?
(*b*) Qu'est-ce qu'elle fabrique?
(*c*) Quel est votre chiffre d'affaires?
(*d*) Quel est l'aéroport le plus proche de votre ville?
(*e*) Quelles sont les industries les plus importantes de votre ville?
(*f*) Avez-vous beaucoup de clients étrangers?
(*g*) Quelle part du marché britannique détenez-vous?
(*h*) Votre P-DG, comment s'appelle-t-il?
(*i*) Avez-vous de bons rapports avec vos ouvriers?
(*j*) Combien d'habitants y a-t-il dans votre ville?

12 John Brown sent a telex to Société Carnot, asking if they could make available a slide projector for his presentation.
Here is a copy of that telex:

```
14. 4. 89    WGB    320185    ALCOL G

SOCIETE CARNOT CLAMART FRANCE      A L'ATTENTION DE MADAME LEROY


===URGENT=


SUITE A NOTRE CONVERSATION TELEPHONIQUE DU 14 AVRIL JE CONFIRME NOTRE
RENDEZ - VOUS DU 18 AVRIL A 11H. 15

AFIN DE FACILITER MA PRESENTATION DE DIAPOSITIVES POURRIEZ-VOUS
METTRE A MA DISPOSITION UN PROJECTEUR 35 MM?

MERCI DE VOTRE REPONSE.

SINCERES SALUTATIONS

FROM ALCO LEEDS      JOHN BROWN

320185 ALCOL G
5W1846 CARNOT F
```

Unfortunately, Carnot & Co. only has an overhead projector, which will require flimsies. Compose a telex from Madame Leroy at Carnot replying to John Brown's request with this information.

---

le transparent *flimsy, acetate*   **le rétroprojecteur** *overhead projector*

---

7 Describing the product Design, development, and production

Première partie

John Brown has organised the overhead projector and is ready to continue the discussion.

Dialogue

John Brown Je vais vous parler de notre façon de concevoir, de développer et de fabriquer notre gamme de produits. (*Il met la machine en marche et montre le premier transparent.*)

> CONCEPTION
> DEVELOPPEMENT
> FABRICATION

Notre étude de marché a prouvé que le consommateur s'intéresse plus particulièrement au confort, à la facilité d'emploi et au style du produit. L'acheteur, quant à lui, recherche avant tout la facilité d'emploi et un prix avantageux. Nous tenons compte de tous ces besoins et exigences en concevant nos produits. (*Il passe le deuxième transparent qui montre les données de l'étude de marché.*) Est-ce que ces données répondent à votre analyse du marché?
René Demarest Oui, à peu près. Avez-vous développé une gamme de produits pour tous les secteurs du marché?
John Brown Non, nous avons essentiellement visé le secteur de moyenne gamme et le secteur haut de gamme où le style et la qualité

sont aussi importants que les prix. Les diapositives suivantes montrent quelques exemples de notre large gamme de produits. Ils sont à la fois très fonctionnels et esthétiques, d'un style moderne ou traditionnel suivant le choix du consommateur.

René Demarest Suivez-vous une politique spéciale en matière de développement?

John Brown Oui, bien entendu. Nous avons un service de développement qui a pour responsabilité d'appréhender les besoins changeants du marché: il nous assure ainsi les produits les plus modernes, et la possibilité d'adapter à ces mêmes produits les nouvelles technologies qui se présentent. On essaie par là de satisfaire beaucoup de ces besoins. Il y a 5 ans nous avons valorisé ce service et investi dans de nouveaux moyens de production, provoquant ainsi l'expansion rapide de notre entreprise.

René Demarest Parlez-moi un peu de vos facilités de production.

John Brown Notre politique est d'investir dans l'équipement de production ultra-rapide le plus performant. De cette façon, nous offrons des produits haut de gamme, à des prix abordables. Voici une diapositive qui montre notre usine avec les nouveaux équipements que nous avons installés l'année dernière.

René Demarest Et vous avez de bonnes relations avec vos ouvriers?

John Brown Ah oui, elles sont très satisfaisantes: la direction a signé un accord avec les salariés, qui se sont engagés à respecter la clause concernant l'interdiction de grève. Notre système prévoit leur participation aux bénéfices et ils ont d'excellentes conditions de travail. Nous cherchons actuellement à augmenter la production d'encore 25% avant la fin de l'année.

Alors, vous voyez que nous sommes à même d'accepter les commandes importantes que vous pourriez nous passer.

---

mettre en marche *to start*
l'étude de marché (f.) *market research*
l'emploi (m.) *use*
quant à *as for*
le besoin *need*
l'exigence (f.) *demand*
les données (f.) *data*

à peu près *approximately*
viser *to target*
de moyenne gamme *middle of the range*
haut de gamme *top of range*
aussi . . . que *as . . . as*
suivant *following*
appréhender *to anticipate*

ainsi *thus*
valoriser *to develop, enhance*
performant *high-performance*
abordable *reasonable*
la grève *strike*

prévoir *to provide*
actuellement *currently*
être à même de (faire) *to be capable of (doing)*

Explications

John Brown talks of satisfying **beaucoup de ces besoins**. After expressions of quantity **de** is used instead of **du, de la**, etc.

beaucoup de	*a lot of, many*
trop de	*too much, many*
autant de	*as much, many*
pas mal de	*quite a few*
moins de	*less, fewer*
peu de	*few*
assez de	*enough*
tant de	*so much, many*
combien de?	*how much, many?*
plus de	*more*
un peu de	*a little*

J'ai mangé trop d'escargots!   *I've eaten too many snails!*
Vous avez rencontré assez de gens?   *Have you met enough people?*

However, many of these phrases can also be used to show the degree or intensity of a statement. In this case, **de** is not needed.

Je les aime beaucoup.   *I like them a lot.*
Ils ont assez parlé.   *They have spoken enough.*

Comment ça marche

1 *More on the perfect tense*

Like John Brown in this dialogue, you will want to describe what you have done in the past. Look back to Chapter 5 to see how to do this with regular verbs. Here are a few of the more common irregular past participles:

avoir	*eu*	être	*été*
faire	*fait*	dire	*dit*
voir	*vu*	croire	*cru*
pouvoir	*pu*	vouloir	*voulu*
devoir	*dû*	mettre	*mis*
prendre	*pris*	savoir	*su*

N.B. When a direct object precedes the verb, the past participle agrees with it in number and gender:

> Nous avons installé **les nouveaux équipements.** *We put in the new equipment.*

But

> Vous avez vu **les nouveaux équipements** que nous avons installés? *Have you seen the new equipment which we put in?*
>
> Vos derniers catalogues? Je **les** ai vus hier. *Your latest catalogues? I saw them yesterday.*

2 *Indirect object pronouns*

The object pronouns described in Chapter 5 were direct object pronouns; in the dialogue on p. 73 indirect object pronouns were introduced. The distinction between these two kinds of object is often hard to see, so until it becomes instinctive here are two hints:

(*a*) When a French verb uses **à**, the object of that verb will be indirect:

> Je parle à l'expert-comptable. *I am speaking to the accountant.*

(*b*) Try to ask yourself the question **Qui . . . ?** or **Quoi . . . ?** about the object of the sentence. If you can ask the question without resorting to **A qui . . . ?** or **A quoi . . . ?** then the object is direct, if not it is indirect. For example:

> Il achète le magasin. Il achète quoi? (*Direct*)
>
> Il rend visite au P-DG. A qui rend-il visite? (*Indirect*)

Like the direct object pronoun the indirect object pronoun goes in front of the infinitive, where there is one, and in front of the verb where there is no infinitive.

Je vais **vous** parler. *I'm going to speak **to you**.*
On **leur** passe commande. *They place an order with (**to**) **them**.*

Here are all the indirect object pronouns:

First person		*Second person*		*Third person*	
me	*to me*	te	*to you*	lui	*to him, her, it*
nous	*to us*	vous	*to you*	leur	*to them*

3 *Ordinal numbers*

When you know a number (three, seven, twenty) you can make the ordinal or ranking number (third, seventh, twentieth) by adding **-ième**. For example:

trois	troisième
sept	septième
vingt	vingtième

Take care with:

quatre	quatrième (*omit the final* **e** *of* quatre)
neuf	neuvième
vingt et un	vingt et unième

The one exception is

un	premier (*feminine* première)

Exercices

1   Reply to the questions as follows:

Vous voulez lire ce livre?
Non, je l'ai déjà lu.

(*a*)   Vous allez réserver la chambre?
(*b*)   Vous achetez votre billet aujourd'hui?

(*c*)   Vous voyez les clients ce matin?
(*d*)   Vous passez commande tout de suite?
(*e*)   Est-ce que vous allez prendre votre douche avant de partir?

2   Translate these sentences:

(*a*)   He has made plenty of mistakes.
(*b*)   I know quite a few French people.
(*c*)   They hold few shares.
(*d*)   I'd like a kilo of apples, please.
(*e*)   There are so many pitfalls.

---

l'erreur (f.)   *mistake, error*   **l'écueil** (m.)   *pitfall*

---

3   Put in the correct indirect object pronoun:

(*a*)   J'envoie les échantillons sans délai. (*to you*)
(*b*)   Il apporte les machines cette semaine. (*to me*)
(*c*)   Nous avons déjà donné les billets. (*to them*)
(*d*)   Vous avez écrit une lettre ce matin? (*to her*)
(*e*)   Elle passe Monsieur Fontan. (*to me*)

4   Role play

You are on the phone, describing your product to a prospective customer:

Monsieur Castellan   Oui, je vous écoute.
Vous   *Say that you are going to talk about the way you design, develop and produce your range of products.*
Monsieur Castellan   Quels sont les principaux besoins de vos consommateurs, d'après votre étude de marché?
Vous   *Tell him that the user is most interested in ease of use, comfort and style. However, the purchaser's main needs are price and ease of use.*
Monsieur Castellan   Quels secteurs du marché visez-vous actuellement?
Vous   *Say that you aim at the top end of the market, where quality is as important as price. You have also made improvements in the development department in order to ensure up-to-date products.*
Monsieur Castellan   Votre société a beaucoup investi?

Vous *Yes, it has invested a lot of money in the most modern high-speed production equipment. This equipment also helps to improve our relations with the workforce.*

Monsieur Castellan Etes-vous capables de satisfaire nos besoins?

Vous *Say yes, you are in a position to take on their orders.*

---

d'après *according to*	**améliorer** *to improve*
cependant *however*	**la main-d'oeuvre** *workforce*
aider à faire *to help to do*	

Deuxième partie

les comptes (m.) *accounts*	**soit** *that is to say*
l'exercice (budgétaire) (m.) *financial year*	**hors** *apart from*
	ressortir *to come out*
les plus-values (f.) *appreciation*	**le dépôt** *deposit*
compris *included*	**la maison mère** *parent company*
s'élever *to rise*	**la filiale** *subsidiary*
contre *as against*	**le bilan** *results, balance sheets*

Explications

Le Monde is the major French newspaper, with a circulation of around 600,000, although far more people read a provincial newspaper: Ouest-France sells more than Le Monde, and almost as many people read Le Progrès de Lyon.

Le Monde can therefore be said to be mainly a Parisian newspaper, underlining the centralised nature of France. It may also have something to do with the fact that it is not an easy paper to read, being somewhat dry and factual. But as John Ardagh says in his authoritative book *France in the 1980s*, 'any educated Frenchman who wants detailed news and comment from day to day, whatever his views, has little choice but to read Le Monde.'.

Using the vocabulary on the previous page, read the following short article:

BANQUE PARISIENNE DE CRÉDIT

Le conseil d'administration de la Banque parisienne de crédit, réuni le 15 mars 1988, sous la présidence de M. Guy Chartier, a approuvé les comptes de l'exercice 1987.

Le résultat net de l'exercice, plus-values comprises, s'élève à 68 443 747 F contre 61 407 104 F l'année précédente, soit une progression de 11,50%; hors éléments exceptionnels, il ressort à 64 425 590 F soit une progression de 26,34% sur les résultats de 1986.

Le conseil a enregistré avec satisfaction la progression des résultats.

La crise des marchés financiers de l'automne dernier n'a pas eu de conséquences notables pour la BPC et sa clientèle en raison de la politique prudente de la Banque.

L'activité a été soutenue en 1987, aussi bien pour les dépôts que pour les crédits, et l'année 1988 se présente favorablement dans ces deux domaines.

Privatisée en novembre 1987, en même temps que sa maison mère la Compagnie financière de Suez, la BPC contrôle intégralement quatre filiales provinciales: la Banque française commerciale; la Société de banque du l'Orléanais; la Banque Dupuy, de Parseval; la Banque de l'Aquitaine.

L'activité et les résultats de ces quatre filiales ont également progressé en 1987.

L'ensemble du groupe BPC, qui emploie 2 239 personnes, représente 160 implantations en France pour un total de bilan et hors bilan de 17,80 milliards de francs.

Le Monde, 22 mars 1988

Exercice

5 Vrai ou faux?

(*a*) Le conseil n'a pas été satisfait de la progression des résultats.
(*b*) Le résultat net de l'exercice 1987 marque une récession sur les résultats de 1986.
(*c*) La politique de la Banque a produit beaucoup de problèmes.
(*d*) La maison mère de la BPC s'appelle la Banque Dupuy.
(*e*) La BPC emploie plus de deux mille personnes.

Comment ça marche

1 *Perfect tense in the negative form*

In the perfect tense the negative goes around the auxiliary part of the verb (**avoir** or **être**):

La crise **n'a pas** eu de conséquences notables. *The crisis has not had any notable consequences.*
Je **n'ai pas** apporté d'échantillons. *I haven't brought any samples.*
Ils **n'**ont **jamais** pu lancer leurs produits au Japon. *They were never able to launch their products in Japan.*
Ils **ne** sont **pas** arrivés hier. *They didn't arrive yesterday.*

The exception to this rule is **ne ... personne** (*nobody*): **personne** follows the past participle:

On **n'**a vu **personne.** *We saw nobody.*

2 *Adverbs*

These are formed by adding **-ment** to the feminine form of the adjective, just as in English we generally add **-ly**:

heureuse	heureuse**ment**	*happily, fortunately*
douce	douce**ment**	*gently*
intégrale	intégrale**ment**	*wholly*

Naturally there are a few exceptions, but not many!

absolu	absolu**ment**	*absolutely*
vrai	vrai**ment**	*really*
évident	évid**emment**	*obviously*
constant	const**amment**	*constantly*
énorme	énorm**ément**	*enormously*
précis	précis**ément**	*precisely*
profond	profond**ément**	*deeply*

Most of these exceptions have to be learned individually, but the table does reveal one rule: where the adjective ends in **-ent** or **-ant**, the adverb changes the final **-nt** into **-mment**.

Exercices

6 Translate these sentences:

(a) The launch of our products has had notable consequences in the French market.
(b) We approved the accounts for the year 1989 at the meeting.
(c) Obviously you have not seen the results.
(d) These figures are really good!
(e) I saw nothing at the exhibition.

---

le lancement *launch* **le chiffre** *figure*

---

7 Some verb practice (use the tables at the back if you have to). Translate the following:

(a) We are leaving this evening.
(b) They come back to this fair every year.
(c) I don't know that man. Who is he?
(d) He doesn't remember my name.
(e) The letter (that) I wrote last week is still on my desk!

8 Say that these things happened yesterday (**hier**):

(*a*) Nous voulons prendre contact avec ces clients.
(*b*) Il doit venir me chercher à la gare.
(*c*) Vous prenez vos valises?
(*d*) On met beaucoup de temps pour venir ici?
(*e*) Il reçoit une somme considérable.

9 Compréhension

La concurrence

Connaître son environnement concurrentiel est aussi important, pour l'entreprise qui applique une véritable démarche de marketing, que se connaître soi-même. Que l'on soit gros ou petit, il faut toujours compter avec l'existence de cette concurrence qui est à l'affût de la moindre faille pour augmenter sa part de marché, lancer son nouveau produit, etc. Aussi faut-il dresser la liste de tous les éléments qu'il est indispensable de connaître pour y trouver une parade, ou mieux encore, pour anticiper en se plaçant le premier chaque fois que c'est possible.

La concurrence n'est pas seulement directe, elle est aussi de substitution. Que ce soit pour des raisons de prix, de commodité, de mode, ou encore technologiques, la clientèle peut se tourner vers d'autres produits: plastique à la place du verre et du métal, par exemple.

L'entreprise doit donc s'efforcer de déceler tous les substituts possibles à ses produits et en étudier ensuite les fournisseurs avec la même minutie que ses concurrents directs, car ils sont, potentiellement, tout aussi dangereux.

'Que sais-je?': Le Marketing, Paris,
Presses Universitaires de France

---

la démarche *approach, procedure*   **à l'affût de** *on the lookout for*
soi-même *oneself*   **moindre** *least, slightest*
que l'on soit *whether one is*   **la faille** *flaw*

aussi *so, therefore*	**la commodité** *convenience*
dresser *to draw up*	**s'efforcer de** *to do one's best*
la parade *parry, right answer*	**déceler** *to detect*
mieux encore *better still*	**la minutie** *meticulousness*
que ce soit *whether it be*	

(a) What is as important as self-knowledge?
(b) Why is the competition such a threat?
(c) For what reasons can a company lose business to a competitor?
(d) What is the example mentioned?
(e) Who is as dangerous as a direct competitor?

8   Marketing the product

Première partie

The discussions continue . . .

Dialogue

René Demarest   Je vous remercie. Cependant, j'aimerais avoir quelques précisions supplémentaires, car d'autres aspects de votre proposition nous sont tout aussi importants; en particulier, comment pouvez-vous garantir des livraisons régulières?

John Brown   C'est très simple. Souvenez-vous: notre usine est située à proximité de toutes les voies de communication – transports routiers, ferroviaires et aériens. De plus, nous avons notre propre flotte de camions qui traverse la Manche toutes les semaines. Nos chauffeurs sont expérimentés et savent accomplir les formalités douanières.

René Demarest   Et les grèves de ferry? Le tunnel sous la Manche ne sera pas prêt avant un certain temps!

John Brown   En effet. Mais on a l'intention d'établir un entrepôt en France, ou en RFA, dans les deux ans qui viennent; en attendant, nous sommes prêts, soit à vous accorder des facilités de paiement qui vous permettraient de maintenir plus de stock en réserve, soit à vous approvisionner sur la base de lots.

René Demarest   Bon, c'est prometteur. Mais il y a quand même un problème: votre société est encore peu connue en France. Quelle politique allez-vous suivre pour lancer vos produits?

John Brown   Nous avons repéré les différents points de vente stratégiques de toutes les grandes villes françaises. Vous fournissez déjà la plupart d'entre eux sans doute. Nous avons l'intention de leur envoyer des tracts publicitaires, les informant de la nomination de notre distributeur français; cette publicité comprendra également l'ensemble des spécificités de notre gamme de produits, ainsi que le profil de notre entreprise. Nous insisterons particulièrement sur la qualité de présentation de notre prospectus, qui sera imprimé en français et en couleur. Nous allons également faire de la publicité sur le lieu de vente, en tenant compte des besoins spécifiques du marché français.

René Demarest   Oui . . . et dans le domaine des relations publiques, que comptez-vous faire?

John Brown   Nous avons nommé un agent de relations publiques, ici, en France, qui a pour fonction de nous assurer, dans les revues professionnelles, un maximum de publicité concernant notre arrivée sur le marché français. Nous avons déjà réservé un stand à la foire de Paris pour fin septembre.

René Demarest   Nous y sommes allés l'année dernière, bien sûr, et il y a eu beaucoup d'affluence. Bon, . . . mais venons-en à l'aspect qui est peut-être l'un des plus importants du commerce – c'est-à-dire, le prix.

John Brown   On vous a déjà envoyé notre tarif.

René Demarest   Oui, et nous avons été horrifiés. Vous n'êtes pas sérieux; votre calculatrice devait être en panne!

John Brown   Pas du tout. Comme vous avez pu le constater, Alco est une entreprise professionnelle, engagée et ambitieuse, et nous croyons, au contraire, que l'ensemble des avantages que nous offrons rend nos prix très raisonnables. Nous pouvons néanmoins nous arranger, mais je propose de remettre à plus tard cette discussion. J'aimerais connaître, auparavant, l'étendue de vos exigences.

René Demarest   Vous avez raison. Il faudra également parler des conditions de vente avant de se mettre d'accord sur le prix.

la proposition *offer*	**expérimenté** *experienced*
la livraison *delivery*	**douanier** *of the Customs*
souvenez-vous *remember!*	**en effet** *that's right*
la voie *path*	**l'entrepôt** (m.) *warehouse*
propre *own*	**la RFA** *West Germany*
la flotte *fleet*	**dans les deux ans qui viennent**
le camion *lorry*	*within the next 2 years*
la Manche *the Channel*	**en attendant** *meanwhile*
le chauffeur *driver*	**prêt à** *ready to*

soit ... soit *either ... or*
accorder *to grant*
les facilités de paiement *credit terms*
le stock *stock*
approvisionner sur la base de lots *to supply on consignment basis*
prometteur *encouraging*
lancer *to launch*
repérer *to pick out*
le point de vente *sales outlet*
la plupart de *most of*
la nomination *appointment*
la publicité *advertising*
l'ensemble *package*
la spécificité *specification*
imprimer *to print*

la publicité sur le lieu de vente (PLV) *publicity at point of sale*
compter (faire) *to intend (doing)*
la revue professionnelle *trade press*
l'affluence *crowds*
venons-en à *let's get down to*
le tarif *price list*
devait être *must have been*
constater *to notice*
néanmoins *nevertheless*
s'arranger *to be flexible*
remettre à plus tard *to postpone*
auparavant *beforehand*
l'étendue (f.) *extent*
se mettre d'accord *to agree*

Comment ça marche

1 *Prepositions with place-names*

René Demarest reminded John Brown that his company is not yet well-known in France: **votre société est encore peu connue *en France***. To say *in France*, he used **en.** Here are some rules to follow when using place-names:

To/in			
a country *feminine*	en	la France – en France	
		la Belgique – en Belgique	
masculine	au	le Canada – au Canada	
		le Maroc – au Maroc	
plural	aux	les Etats Unis – aux Etats Unis	
a town	à	à Birmingham, à New York, à Marseille	
a département *or county*	dans	dans le Var, dans le Kent	
a province	en	en Aquitaine, en Bretagne	

From		
feminine words, or towns	de	Il vient de Chine.
		Il est de Grenoble.
masculine place names	du	Il arrive du Pas de Calais.
		Il vient du Yorkshire.
plurals	des	Elle arrive des Etats Unis.

2 *Relative pronouns* **qui, que:** *'who', 'which', 'that'*

L'aspect **qui** est peut-être le plus important, c'est le marketing. *The aspect which is perhaps the most important is the marketing.*

L'ensemble des avantages **que** nous offrons est vraiment très intéressant. *The package of benefits (that) we are offering is exceedingly attractive.*

La ville de Toulon **qui** se trouve au sud de la France. *The city of Toulon which is situated in the south of France.*

Le directeur **que** je voudrais voir n'est pas arrivé. *The manager (whom) I'd like to see hasn't arrived.*

Learn to distinguish between **qui** and **que**. **Qui** functions as the subject of the clause and may refer to either a person or a thing. **Que** functions as the direct object of a clause and may also refer to either a person or a thing. Note that **que** becomes **qu'** before a vowel:

L'offre **qu'**on nous a faite. *The proposal (that) has been made to us.*

N.B. In English we often omit the relative pronoun, whereas in French it must be kept.

3 *Let's + verb*

To translate the English expression **Let's,** use the **nous** form of the present tense without the subject pronoun **nous**:

Parlons un peu des relations publiques. *Let's talk a bit about public relations.*

Regardons ces trucs! *Let's look at these things!*

In the case of reflexive verbs, the reflexive pronoun is kept but it must come after the verb:

Dépêchons-**nous**!   *Let's hurry!*
Asseyons-**nous** ici!   *Let's sit down here!*

4   *y*

The pronoun **y** is used to replace a noun which is preceded by the preposition **à**. It may already hve been mentioned or it may be in the mind of the speaker. **Y** often replaces the name of a place:

Il est arrivé à Paris sans problèmes. *He got to Paris without any problem.*
Il **y** est arrivé sans problèmes. *He got there without any problem.*
Il va à l'aéroport. *He's going to the airport.*
Il **y** va. *He's going **there**.*
Nous **y** sommes allés. *We went there.*

Similarly, it can be used to replace a thing:

Il répond à la lettre.   *He replies to the letter.*
Il **y** répond.   *He replies **to it**.*

N.B. Remember to use **lui** or **leur** when the object of the preposition is a person:

Il dit au revoir à ses collègues. *He says goodbye to his colleagues.*
Il **leur** dit au revoir. *He says goodbye **to them**.*

5   *Question words*

John Brown had to answer a lot of questions in this part of the meeting such as:

Que comptez-vous faire?   *What do you intend doing?*
Et les grèves de ferry?   *What about the ferry strikes?*

Notice how the question is implied here.

Some useful question words include:

Who? (subject)
     Qui appelle? Qui est-ce qui appelle? *Who's calling?*

Whom? (object)
     Qui connaissez-vous? Qui est-ce que vous connaissez? *Who(m) do you know?*

Whom? (with prepositions)
    A qui envoyez-vous ces brochures? *To whom are you sending these brochures?*

What? (subject)
    Qu'est-ce qui vous a impressionné? *What impressed you?*

What? (object)
    Que dites-vous? Qu'est-ce que vous dites? *What do you say?*

What? (with prepositions)
    De quoi parlez-vous? *What are you talking about?*

You will also find these expressions helpful:

Qu'est-ce que c'est que cela (ça)?	*What's that?*
Qu'est-ce que c'est que ce truc-là?	*What's this thing?*
Qu'est-ce qu'il y a?	*What's the matter?*
Que faire?	*What's to be done?*

Exercices

1 Say something happened yesterday by using the perfect tense:

Vous allez à Grenoble?
Non, j'y suis allé hier.

(*a*) Il va à Lyon?
(*b*) On va à la foire?
(*c*) Les clients vont à l'usine?
(*d*) Vous allez en ville?
(*e*) Elle va chez Alco?

2 Complete the following sentences using **qui** or **que.**

(*a*) Quel est l'appareil . . . vous convient le mieux?
(*b*) Je vais vous montrer un produit . . . répond exactement à vos besoins.
(*c*) Voici le prix . . . il faut indiquer au client.
(*d*) Il y a aussi les frais de débarquement . . . s'élèvent à 120 500F.
(*e*) Le chef des achats . . . travaille chez Electronic s'appelle Jean-Luc Besson.

3 Insert the correct prepositions for the place-names:

(*a*) Il a travaillé . . . Grèce pendant cinq ans.
(*b*) Elles viennent d'arriver . . . Etats Unis.
(*c*) Il vient . . . Lyon.
(*d*) Je vais . . . Canada demain matin.
(*e*) Il est allé . . . le Var.

4 Role play You are explaining your company's marketing policy to a French customer.

Stéphane Béranger Il faut nous garantir des livraisons régulières.
Vous *Say that your factory is conveniently situated for all means of transport and that your lorry drivers are very experienced; they can carry out all the customs formalities.*
Stèphane Béranger Très bien. Et quelle est votre politique en ce qui concerne la promotion des ventes?
Vous *Say that you are preparing a brochure for the French market. You have of course identified all the strategic sales outlets in all the cities in France.*
Stéphane Bétanger Et les relations publiques?
Vous *Explain that you have appointed a public relations agent and that you are going to reserve a stand at the trade fair in October. Ask him if he has received your price list.*
Stéphane Béranger Oui, et nous avons été horrifiés par les prix.
Vous *Explain that the package of benefits you are offering makes your prices very reasonable. You would like to know the extent of their requirements before pursuing the discussion on prices.*

Deuxième partie

Il est temps de se mettre au

Marketing de Combat !

"La guerre économique internationale", menée par les entreprises européennes impose un conflit impitoyable de méthodes. Dans ce combat, le marketing et la stratégie jouent un rôle de premier plan. Pour relever ce "défi européen", les dirigeants les plus performants devront faire de leurs entreprises de véritables entreprises-marketing. Objectif : conquérir toujours plus de parts de marché. Paradoxe, seulement 1 % des entrepreneurs français y ont recours.

Né en 1980 en Europe, le marketing de combat est un ensemble unique au monde de concepts, de méthodes, d'aides à la décision, d'outils d'investigation et de simulation qui introduisent concrètement la pensée stratégique moderne du marketing. Avec le système d'intelligence stratégique, le marketing de combat utilise ainsi le renseignement sur les concurrents et la simulation par "war-games" pour mieux concevoir les plans d'actions qui en résultent : annales des manoeuvres adverses, cartes marketing stratégiques . . . .

Mais le marketing de combat ne remplace ni le talent, ni les intuitions des dirigeants d'entreprise ou responsables marketing. Par contre, il est censé leur permettre de passer à l'action plus rapidement:
– en leur permettant de concentrer en quelques semaines, une réflexion qui leur prenait plusieurs mois;
– en leur donnant une "boîte à outils" marketing mieux adapté à l'actuelle situation de leurs marchés;
– en leur assurant une meilleure maîtrise de leurs choix et de leurs décisions.

Entreprendre, septembre 1988

se mettre à *to take up*	**un outil** *tool*
mener *to lead, run*	**les annales** *records, history*
de premier plan *front*	**ne ... ni ... ni** *neither ... nor*
relever *to take up*	**il est censé + infin** *it is supposed to*
le défi *the challenge*	**prenait** *was taking*
le dirigeant *senior executive*	**la boîte** *box*
une part *share*	**la maîtrise** *mastery*
avoir recours à *to resort to*	**le choix** *choice*

Explications

Since marketing and business jargon is constantly changing, the business executive should try to obtain monthly magazines such as *Entreprendre* and *L'Expansion*.

Current 'buzz' words include:	
le mix-marketing	*marketing mix*
le créneau porteur	*promising gap in the market, business opportunity*
les attentes du consommateur	*consumer expectations*
à l'écoute du marché	*tuned in to the market*

Comment ça marche

1 *Verb + de + infinitive*

Here are some more examples of **de** being used as a linking word between a verb and its dependent infinitive. (See also p 56.)

Il est censé **leur permettre de passer** à l'action plus rapidement. *It is supposed to allow them to act more quickly.*

Le client **lui demande de venir** à son bureau. *The customer asks him to come to his office.*

Elle **m'a dit d'apporter** quelques échantillons. *She told me to bring a few samples.*

In other words:

> demander à quelqu'un de faire quelque chose – *to ask someone to do something*
>
> dire à quelqu'un de faire quelque chose – *to tell someone to do something*
>
> permettre à quelqu'un de faire quelque chose – *to allow someone to do something*

This construction is also used with these verbs:

conseiller	*to advise*
ordonner	*to order*
défendre	*to forbid*

2   *The future tense*

For most verbs, the future is formed with the infinitive and the following endings:

je	**-ai**	nous	**-ons**
tu	**-as**	vous	**-ez**
il/elle/on	**-a**	ils/elles	**-ont**

For example: **parler** *to speak*

je parler**ai**	*I shall speak*	nous parler**ons**	*we shall speak*
tu parler**as**	*you will speak*	vous parler**ez**	*you will speak*
il parler**a**	*he will speak*	ils parler**ont**	*they will speak*
elle parler**a**	*she will speak*	elles parler**ont**	*they will speak*
on parler**a**	*we shall speak*		

The final **-e** of **-re** verbs is dropped before adding the endings. For example:

> **vendre**   *to sell*   je vendr**ai**   *I shall sell*

Some verbs have an irregular stem in the future tense but the endings are the same as those of regular verbs.

Le tunnel sous la Manche ne **sera** pas prêt avant un certain temps!
The Channel Tunnel will not be ready for a while!
Les dirigeants **devront** faire des recherches. *The managers will have to make some enquiries.*

These are some of the most common verbs which have an irregular future tense:

aller *to go*	irai, iras, ira, irons, irez, iront
avoir *to have*	aurai, auras, aura, aurons, aurez, auront
courir *to run*	courrai, courras, courra, courrons, courrez, courront
devoir *to have to, owe*	devrai, devras, devra, devrons, devrez, devront
envoyer *to send*	enverrai, enverras, enverra, enverrons, enverrez, enverront
être *to be*	serai, seras, sera, serons, serez, seront
faire *to do, make*	ferai, feras, fera, ferons, ferez, feront
falloir *to be necessary*	il faudra
pouvoir *to be able*	pourrai, pourras, pourra, pourrons, pourrez, pourront
recevoir *to receive*	recevrai, recevras, recevra, recevrons, recevrez, recevront
savoir *to know*	saurai, sauras, saura, saurons, saurez, sauront
venir *to come*	viendrai, viendras, viendra, viendrons, viendrez, viendront
voir *to see*	verrai, verras, verrra, verrons, verrez, verront
vouloir *to want*	voudrai, voudras, voudra, voudrons, voudrez, voudront

Exercices

5 On the next page is a diagram from a French book on marketing:

Use it to find the French for:
(*a*) growth
(*b*) sales volume
(*c*) research
(*d*) take-off

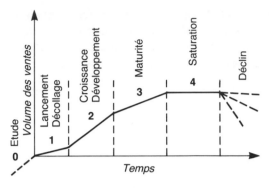

Cycle de vie du produit

Que sais-je: Le Marketing,
Paris, Presses Universitaires de France

6   Put into the future tense:

Exemple: Il est à Paris aujourd'hui.
            Il sera à Paris demain.

(*a*)   Je finis mon travail maintenant.
(*b*)   Il vend tous ses articles aujourd'hui.
(*c*)   Le rapport est prêt.
(*d*)   Il faut changer de direction tout de suite.
(*e*)   Ils ont rendez-vous avec le directeur.

7   Correct the following sentences:

(*a*)   Le courrier que j'ai envoyée hier n'est pas encore arriver.
(*b*)   Il recevront tous le dépliant demain matin.
(*c*)   Elle est arrivé tôt ce matin.
(*d*)   Je m'ai renseigné sur les prix.
(*e*)   Il ne s'a montré pas coopératif.

8   Your French colleague asks you about your plans for the future.
Use the following as guidelines for your answers.

(*a*)   Aller dans tous les pays de la CEE.
(*b*)   Présenter notre gamme de produits.
(*c*)   Recevoir des clients Japonais en Angleterre fin juin.
(*d*)   Envoyer des échantillons aux clients intéressés.
(*e*)   Etre aux Etats Unis à Pâques.

9   Discussing the terms of trade

Première partie

It is now time to get down to the details. John Brown and René Demarest start their negotiations by agreeing payment conditions and discounts before finalising prices (Chapter 10).

Dialogue

René Demarest   Dites-moi, Monsieur Brown, quelle est votre politique commerciale?

John Brown   Eh bien, notre politique est de considérer les pays de la CEE comme faisant partie intégrante de notre marché intérieur. Nous offrons des produits de toute première qualité à tous nos clients, quels qu'ils soient. Nous vendons au prix franco domicile et nous utilisons nos propres transitaires qui s'occupent des documents et du dédouanement.

René Demarest   Mais c'est parfait tout cela. Et quelles sont vos conditions habituelles de paiement?

John Brown   Nous sommes prêts à vous accorder l'ouverture d'un compte ouvert, sous réserve, naturellement, de références bancaires satisfaisantes.

René Demarest   Bien sûr, nous serons heureux de vous les fournir.

John Brown   Je dois aussi vous signaler qu'en Angleterre les règlements s'effectuent à 30 jours de date.

René Demarest   Hein??? Mais cela nous est impossible! Vous devez bien vous rendre compte que vos livraisons mettront plus de temps à arriver en France. En outre, nous réglons d'habitude par chèque, 90 jours fin du mois de livraison.

John Brown   Je regrette, mais nous ne pouvons pas vous consentir un tel délai de paiement. Nos prix sont basés sur un crédit beaucoup plus court, et nos taux d'intérêt sont plus élevés que les vôtres. Mais

... euh ... bon, éventuellement on pourrait trouver un compromis: est-ce que 60 jours vous conviendrait mieux?

René Demarest   Oui, si vous y tenez. Est-ce que vous accordez un escompte pour paiement anticipé?

John Brown   Oui, vous pouvez bénéficier d'un escompte de 3% pour tous règlements sous huitaine; autrement, nos prix sont nets, 60 jours à partir de la date de facture.

René Demarest   Bon, ça me convient. Mais il nous reste encore à éclaircir quelques points concernant les conditions d'achat ... attendez, j'ai le dossier sous la main ... Ah, le voilà. Tout d'abord, nous attendons de vous une garantie d'un an sur tous vos produits, remédiant à tout vice de fonctionnement provenant d'un défaut dans la conception, les matières ou l'exécution.

John Brown   Nos conditions de vente certifient que nos produits remplissent parfaitement leur fonction, sous réserve d'une utilisation adéquate, bien sûr.

René Demarest   Très bien, et en cas de litige, l'affaire sera portée devant les Tribunaux de la Seine.

John Brown   Si vous n'y voyiez pas d'inconvénient, nous préférerions le règlement de conciliation et d'arbitrage de la Chambre de Commerce Internationale à Paris.

René Demarest   Pas de problème.

John Brown   Je vous remercie ... et, pour terminer, Monsieur Demarest, j'aimerais attirer votre attention sur deux clauses importantes de nos conditions de vente: premièrement, nous restons propriétaires des marchandises jusqu'au règlement de la facture; et deuxièmement, parce que nous facturons en monnaie locale, nous nous réservons le droit de renégocier nos prix au cas où le taux de change entre la livre sterling et le franc français varierait de plus de 3%, que ce soit en hausse ou en baisse.

René Demarest   Oui, c'est normal, surtout en ce moment, avec les taux de change qui varient tellement. Ah, là là! Le plus tôt la livre sterling rejoindra le SME, le mieux ce sera!

---

faire partie intégrante *form an integral part*
le marché intérieur *domestic market*

quels qu'ils soient *whoever they may be*
franco domicile *carriage paid*
le transitaire *forwarding agent*

le **dédouanement** *customs clearance*
sous réserve de *subject to*
mettre du temps à *to take time to*
en outre *besides, in addition*
régler *to settle*
court *short*
le **taux d'intérêt** *interest rate*
éventuellement *possibly*
convenir à *to suit*
si vous y tenez *if you insist*
l'**escompte** (m.) *discount*
le **paiement anticipé** *early settlement*
sous huitaine *less than 7 days*
autrement *otherwise*
la **facture** *invoice*
éclaircir *to clarify*

le **dossier** *file*
remédier à *to correct*
le **vice de fonctionnement** *faulty working*
le **défaut** *fault*
adéquat *suitable, appropriate*
l'**inconvénient** (m.) *inconvenience*
la **clause** *clause*
jusqu'à *until*
la **monnaie locale** *local currency*
se réserver le droit de *to reserve the right to*
que ce soit . . . *whether it be . . .*
la **hausse** *rise*
la **baisse** *fall*
tellement *so much*
rejoindre *to join*
le **SME** *the Snake (EMS)*

Comment ça marche

1 *Conditional tense*

This tense usually has the same meaning in French as in English, as in *I would . . . (if I could).*

The expression **je voudrais** has appeared before and means *I would like.* Like the English equivalent it is more polite than *I want.* John Brown uses two similar expressions, both in the conditional tense:

J'aimerais attirer votre attention sur deux clauses importantes. *I would like to draw your attention to two important clauses.*
Nous préférerions le règlement . . . *We would prefer settlement . . .*

To form this tense, take the basis of the future tense (usually the infinitive) and add these endings:

je	-ais	nous	-ions
tu	-ais	vous	-iez
il/elle/on	-ait	ils/elles	-aient

Here are some examples:

Verb	Future	Conditional	Meaning
travailler	je travaillerai	je travaille**rais**	*I would work*
finir	il finira	il fini**rait**	*he would finish*
vendre	nous vendrons	nous vend**rions**	*we would sell*
faire	on fera	on fe**rait**	*you would make*
aller	ils iront	ils ir**aient**	*they would go*

Verbs which have an irregular stem in the future tense (see p. 94) are also irregular in the conditional tense.

The verbs **pouvoir** and **devoir** have special meanings in the conditional tense:

je devrais	*I ought to, I should*
il pourrait	*he could, he might*

2　*Order of pronouns*

When René Demarest is asked to supply bank references, he replies:

Nous serons heureux de **vous les** fournir. *We shall be happy to give them to you*.

When there are two pronouns in front of a verb, the following order must be observed:

Direct object Indirect object Reflexive pronoun	Direct object	Indirect object		
me te se nous vous se	le, la, l' les	lui leur	y	en

When more than one pronoun is present in a statement, question, or negative command, the above order (reading from left to right) is followed.

The pronouns come immediately before the verb (or the dependent infinitive as in the earlier example).

With positive commands, some pronouns change slightly and their positions alter. Hyphens must be put between the verb and following pronoun(s):

| Donnez-**le-moi**! | *Give it to me!* |
| Envoyez-**lui-en**! | *Send him some!* |

This table summarises the sequence (left to right) with a positive command:

Verb Command	le la les	moi toi lui nous vous leur	y	en

Notice also the use of an object pronoun in such phrases as:

| Ah, **le** voilà! | *There it is!* |
| **Me** voici! | *Here I am!* |

3 *More negatives*

The negative form **ne ... pas** has been seen many times. In the dialogue, John Brown says:

Si vous **n'**y voyiez **pas** d'inconvénient . . .
If you didn't find any disadvantage in it . . .

Here are some other useful negative forms:

Les résultats **ne** sont **guère** satisfaisants. *The results are hardly satisfactory.*

Nous **n'**avons trouvé **aucun** représentant. *We did not find any reps.*

Aucune secrétaire **n'**acceptera de telles conditions. *No secretary will accept such conditions.*

Il **n'a nul** besoin de nous. *He has no need of us.*

Je **ne** le vois **nulle** part. *I can't see him anywhere.*

Explications

Other useful expressions when discussing the terms of trade include:

la lettre de change	*bill of exchange*
comptant contre documents	*cash against documents*
la traite documentaire	*documentary bill*
paiement par relevé mensuel	*monthly settlement*
verser des fonds	*to pay money (into the bank)*
expédier en port payé	*to send carriage paid*
CAF (Coût, Assurance, Frêt)	*CIF (Cost, Insurance, Freight)*
FAB/F.à.b. = Franco à Bord	*FOB (Free on Board)*
franco frontière	*delivered to frontier*

Exercices

1 Construct sentences as in the example:

Je (envoyer) – **la lettre au directeur** – hier.
Je **la lui** ai envoyé hier.

(*a*) Il (expédier) – la commande en France – la semaine dernière.
(*b*) Nous (prêter) – notre ordinateur à nos collègues – demain.
(*c*) Vous (se servir) – des nouvelles machines – hier, pour la première fois.
(*d*) Je (récuperer) – ma voiture au parking – dans une heure.
(*e*) (Apporter) – le dossier au directeur – tout de suite!

2 Provide the noun that corresponds to the verb:

Offrir/une offre, *to offer/offer.*

Complete the following table:

(*a*) vendre .... (*d*) représenter .... (*g*) accueillir ....

(*b*) ouvrir .... (*e*) finir .... (*h*) préférer ....

(*c*) croître................. (*f*) choisir .... (*i*) exiger ....

3 Translate into French, using the conditional tense:

(*a*) He might possibly buy this product.
(*b*) In case you were to want to sell your company, you should contact Monsieur Cordo.
(*c*) I would like to draw your attention to this catalogue.
(*d*) You could pay within 7 days.
(*e*) It would be better to pay cash (**au comptant**).

4 Role play You are explaining your company's terms of trade to Gilles Sabatier:

Gilles Sabatier   Quelles sont vos conditions habituelles de paiement?

Vous   *Tell him that you can grant him open account terms, subject to satisfactory bank references. Explain that in England, payments are made by monthly account.*

Gilles Sabatier   Bon, ça me convient. Est-ce que vous accordez un escompte pour paiement au comptant?

Vous   Say that there is a 2% discount for payment within 7 *days. Add that you reserve the right, however, to renegotiate your prices in case the exchange rate were to vary by more than 3 %.*

Gilles Sabatier   Bien sûr, je vous comprends. A propos, votre garantie est valable jusqu'à quand?

Vous   *Say that you are offering a one-year guarantee and that you undertake to rectify any faulty working due to a fault in design, materials or workmanship.*

Gilles Sabatier   C'est parfait. Nous pourrions peut-être prendre un café maintenant, qu'en pensez-vous?

Deuxième partie

Qualitex & Co.
26, Tower Street,
Glasgow G14 8PL.

Entreprise Pfister et Fils,
35, avenue Franklin Roosevelt,
83000 Toulon.

Objet :
Offre d'ustensiles de cuisine

Glasgow, le 19 octobre 1989

Messieurs,

Nous vous remercions vivement de votre demande de renseignements concernant la livraison éventuelle de nos ustensiles de cuisine.

Ci-inclus, vous trouverez notre tarif de vente. Nos prix comprennent livraison franco domicile, et nous avons le plaisir de vous confirmer que nous sommes en mesure de vous livrer dans les délais les plus brefs.

En espérant que nos propositions seront à votre convenance, nous vous prions de croire, Messieurs, à nos sentiments les meilleurs.

Le directeur des ventes

Gordon Growther

PJ1:tarif

---

la demande *enquiry*	**l'ustensile** (m.) *utensil*
les renseignements (m.) *information*	**ci-inclus** *enclosed*
éventuel(le) *possible*	**être en mesure de** *to be in a position to*

Explications

The **nous** form is used throughout this formal business letter:

Nous vous remercions . . . *Thank you . . .*
Nos prix . . . *Our prices . . .*

As the letter began **Messieurs**, so the same word must be repeated in the closing sentence:

Nous vous prions de croire, Messieurs, à nos sentiments les meilleurs. *Yours faithfully*

Comment ça marche

1 *Verbs* + à/de + *infinitive*

Verb constructions of the type

nous vous prions de croire

are very common in French. The problem lies in whether to put **à**, **de** or any preposition at all between the verb and a following infinitive or noun.

These examples highlight the difficulty:

On pourrait trouver un compromis. *We could find a compromise.*
On essaie par là **de** satisfaire tous ces besoins. *We hope to satisfy all these needs in this way.*
On peut commencer **à** parler affaires. *We may begin to talk business.*

The best advice is to listen to and imitate the French you come into contact with. Check the dictionary when in doubt, since the same verbs do not always take the corresponding prepositions in the two languages.

Exercices

5

```
23.10.89  AJG      426302 PFISTER F

QUALITEX GLASGOW      A L'ATTENTION DE MR G CROWTHER

MONSIEUR

MERCI DE VOTRE LETTRE DU 19.10.89. NOUS SOUHAITERIONS PASSER UNE
COMMANDE A TITRE D'ESSAI DE 100 COCOTTES EN FONTE EMAILLEE BLEUE, REF
843. POUVEZ-VOUS EXPEDIER CETTE SEMAINE.

SINCERES SALUTATIONS

426302 PFISTER F
058931 QUALITEX G
```

When this telex arrives in reply to the letter on page 104, Gordon Growther is away on business. His secretary asks you to translate it.

6 Translate the following with the appropriate negative – **ne . . . nul**, **ne . . . plus**, **aucun . . . ne**, **personne ne . . .** , or **ne . . . guère**.

(a) No delay is accepted.
(b) Nobody telephoned this afternoon.
(c) He has no need to contact them.
(d) I'm no longer a representative, I'm retired now.
        (**à la retraite** *retired*.)
(e) I'm hardly home at the moment.

7 Replace **seulement** with **ne . . . que** in these sentences. If you need a reminder, look back to p 39:

J'ai seulement des machines haut de gamme.
Pourquoi est-ce que vous n'avez que des machines haut de gamme?

(a) J'achète seulement des produits japonais.
(b) Je reçois seulement des hebdomadaires américains.
(c) Je voyage seulement en Europe.
(d) J'importe seulement des ustensiles de cuisine allemands.
(e) Je parle seulement l'anglais.

8 Write a letter on behalf of your own company to a French customer, giving details of your price list, delivery times, etc. Follow the structure of the letter on page 104.

10 Completing the sale and closing the meeting

Première partie

The question of price is finally discussed. John Brown leaves his last offer on the table and the meeting closes with René Demarest's commitment to give his answer soon.

Dialogue

John Brown Maintenant que je vous ai fait le tour d'horizon de notre entreprise, vous devez avoir une idée plus précise de notre politique commerciale et de nos produits . . . pensez-vous que nous pourrions faire affaire ensemble?

René Demarest Hmm . . . il me semble que oui. Nous sommes toujours à la recherche de nouveaux modèles, provenant de fournisseurs sérieux, afin d'étendre constamment notre gamme de produits. Mais nous n'avons pas encore discuté de la question la plus importante: le prix.

John Brown J'y viens. Prenons comme exemple le modèle 3524, si vous voulez bien: son prix est fixé à 3 500F franco domicile, à 60 jours de date; bien entendu, il est soumis aux conditions de vente convenues précédemment.

René Demarest C'est plus que je n'espérais . . . Et vous faites aussi des réductions?

John Brown Absolument. Afin d'aider à l'introduction de nouvelles gammes de produits, nous accordons une remise de 20% sur les premières commandes de 10 unités; nous vous offrons de surcroît une prime de 2,5% si votre chiffre d'affaires dépasse les 5m de FF la première année.

René Demarest Voilà qui est intéressant . . . cependant je dois d'abord examiner votre proposition avec le conseil d'administration de ma société.

John Brown   Oui, bien sûr, je comprends. Mais ... avez-vous une idée de la date à laquelle vous prendrez une décision définitive?

René Demarest   Ecoutez, nous nous réunissons vendredi ... je vous donnerai donc ma réponse, sans faute, la semaine prochaine.

John Brown   Je vous remercie de votre compréhension, Monsieur Demarest ... Et pour conclure, je peux vous affirmer que si vous acceptez, vous ne serez pas déçu car Alco est réellement une compagnie active et ambitieuse, bien décidée à s'imposer sur le marché français. Et nous pensons vraiment qu'ensemble, nous pourrons former une association prospère des plus efficaces. Aussi, j'attends avec impatience de recevoir de vos nouvelles et surtout, n'hésitez pas à nous joindre si vous désirez de plus amples renseignements.

le tour d'horizon *survey*	**le conseil d'administration** *the*
faire affaire *to do business*	*Board*
il me semble que oui *I think so*	**laquelle** *which*
être à la recherche de *to be*	**se réunir** *to meet*
looking for	**sans faute** *without fail*
discuter de *to discuss*	**donc** *so, therefore*
j'y viens *I'm coming to that*	**déçu** *disappointed*
soumis à *subject to*	**s'imposer** *to make one's mark*
afin de *in order to*	**prospère** *prosperous*
une remise *discount (for quantity)*	**efficace** *efficient*
l'unité (f.) *unit*	**attendre avec impatience de**
de surcroît *in addition*	**recevoir de vos nouvelles** *to*
la prime *bonus*	*look forward to hearing from*
dépasser *to exceed*	*you*
voilà qui est intéressant *that's*	**joindre** *to contact*
more interesting	

Explications

1   Phrases that link a conversation together tend to be more substantial in French. They often refer back to what has been said previously in order to avoid any ambiguity or vagueness.

In Chapter 8, René Demarest asked John Brown the question:
Comment pouvez-vous garantir des livraisons régulières?
John Brown answered:
C'est très simple. Souvenez-vous: notre usine est située . . .
In English he might simply have said:
Our factory is situated . . .
In French, however, he wisely preceded this statement by:
C'est très simple. Souvenez-vous:
French is very fond of these transitional phrases which link ideas.

Useful linking expressions:

Je vous signale que	*I must point out that*
Permettez-moi de vous proposer	*May I suggest*
Je vous avertis que	*I warn you*
Vous me permettrez de ne pas être d'accord avec votre point de vue	*I'm sorry, but I can't agree*

2 John Brown was asked: **Et vous faites des réductions?** to which he replied: **Absolument** *That's right, yes.*

(C'est) exact; c'est vrai; en effet; c'est cela; absolument; tout à fait; effectivement all mean *Yes, that's right.*

Comment ça marche

1 *The imperfect tense*

(*a*) *Usages*   The imperfect tense is featured in the dialogue:

C'est plus que je n'**espérais**.
*It's more than I **was expecting**.*

Forming this tense is not difficult; knowing when to use it can often be a problem. The example above translates the continuous past tense in English. Here are other uses:

Hier, elle **se trouvait** au bureau.   (*Description in past tense*)
*Yesterday she **was** at the office.*
Tous les ans, ils **allaient** au Maroc. (*Repeated or habitual action*)
*They **went** to Morocco every year.*

Si vous **parliez** allemand, il vous engagerait.   (*A condition*)
*If you **spoke** German he would take you on.*
Ah! si je **savais** parler le japonais!   (*A wish or regret*)
*If only I **could speak** Japanese!*
Et si nous **prenions** un café?   (*A suggestion*)
How about a coffee? (lit. *What if we **were** to have . . . ?*)
Il **voulait** vous demander un service.   (*A polite request*)
*He **wanted** to ask you to do something for him.*
Il **parlait** à son chef quand le téléphone a sonné.   (*Continuous*
*He **was speaking** to his boss when the phone rang.*   action
     interrupted by another action*)

(*b*) *Formation*   Use the **nous** form of the present tense of the verb, but replace the **-ons** part with the following imperfect tense endings:

je	-ais	nous	-ions
tu	-ais	vous	-iez
il/elle/on	-ait	ils/elles	-aient

For example:

> travaille: nous travaillons > je travaill**ais**
> faire: nous faisons > je fais**ais**
> prendre: nous prenons > je pren**ais**

N.B. The one exception is **être**: j'**étais**, tu **étais**, etc.

2   Lequel

Avez-vous une idée de la date **à laquelle** vous prendrez une décision? *Have you any idea of the date **on which** you will make a decision?*
L'homme **pour lequel** elle travaille est toujours très sympathique. *The man **for whom** she works is always very kind*
J'ai vu un de vos produits. – **Lequel?** *I saw one of your products. – **Which one?***

Lequel acts as a relative pronoun in the first two examples and as an interrogative pronoun in the third. **Lequel** has all the following possible forms:

Masc. sing.	Masc. plural	Fem. sing.	Fem. plural
lequel	lesquels	laquelle	lesquelles
duquel	desquels	de laquelle	desquelles
auquel	auxquels	à laquelle	auxquelles

Use **lequel** instead of **que** (p 88) as a relative pronoun when it is preceded by a preposition (eg **à** or **de**) and is the object of the clause. If the relative pronoun represents a human being, however, use **qui**:

A qui parliez-vous hier?   *To whom were you speaking yesterday?*

Exercices

1   Conjugate the **je** and **nous** forms of these verbs in the imperfect:

(*a*)	poser	(*k*)	avoir
(*b*)	vendre	(*l*)	vivre
(*c*)	choisir	(*m*)	lire
(*d*)	voir	(*n*)	boire
(*e*)	être	(*o*)	dire
(*f*)	recevoir	(*p*)	ouvrir
(*g*)	mettre	(*q*)	entendre
(*h*)	devoir	(*r*)	croire
(*i*)	connaître	(*s*)	vouloir
(*j*)	apprendre	(*t*)	aller

2   Use the imperfect:

Quand il (être) en Autriche, il (parler) allemand.
Quand il était en Autriche, il parlait allemand.

(*a*)   Pendant que vous (être) malade, je (faire) votre boulot.
(*b*)   Autrefois, nous (passer) nos vacances en Espagne.
(*c*)   Si seulement nous (pouvoir) vendre ces produits!
(*d*)   Je vous passerais une commande, si vous m'(accorder) une remise.
(*e*)   Il (finir) juste d'écrire son rapport, quand le téléphone a sonné.

---

le boulot   *work, job* (fam.)   **autrefois**   *formerly*

3 Role play Benoît Girard seems interested in your product range. You are about to complete your sale:

Vous	*Ask him if he thinks you might be able to do business.*
Benoît Girard	Je pense que oui, mais encore faudrait-il que nous tombions d'accord sur les prix!
Vous	*Tell him to wait, you are just coming to that. The model 2341 for example: it costs 455FF CIF and payment is due on receipt of invoice.*
Benoît Girard	Ça va, je m'y attendais à peu près. Et vous faites aussi des réductions?
Vous	*Say that you certainly do. You offer a discount of 15 % on orders of 200 units and in addition you give a bonus of 3.5 % if their turnover exceeds 3 million FF in the first year.*
Benoît Girard	C'est parfait. Il faut que j'en parle avec mon conseil d'administration maintenant.

---

encore faudrait-il que + subj . . . *it remains for us to . . .*	**à réception de la facture** *on receipt of invoice*
tomber d'accord sur *to reach agreement*	**s'attendre à** *to expect*
	quoi *what*

---

4 Use **lequel, laquelle, lesquels, lesquelles** as appropriate:

Il faut utiliser une de ces machines.
Oui, mais laquelle?

(a) Nous devons choisir un modèle.
(b) Il va falloir trouver une solution et vite!
(c) Il est urgent d'acheter de nouveaux appareils.
(d) Il serait utile d'apprendre d'autres langues étrangères.
(e) Je pense que parmi ces deux échantillons, l'un est meilleur que l'autre.

Deuxième partie

LE FIGARO

premier quotidien national français

Entreprises:

– La stratégie PSA: Production-croissance

Les chiffres parlent d'eux-mêmes : 6,7 milliards de francs de bénéfices l'an dernier 'en payant complètement l'impôt sur les bénéfices', au moins autant cette année; 12,7% du marché européen au premier semestre, ce qui le place juste derrière Fiat (15,6%) et Volkswagen (14,5%), avec une progression de 1,1 points par rapport à la période correspondante de l'année dernière. Le groupe n'a pas à se plaindre. Champion de la croissance sur un marché particulièrement porteur qui approchera, en Europe, treize millions d'unités cette année, et dépassera vraisemblablement en France les deux millions. La production globale du groupe devrait frôler les 2,1 millions de voitures, record de 1987. (...)

(PSA doit) investir massivement (11 milliards de francs cette année) pour augmenter ses capacités de production. Elles vont passer à 2,3 millions d'unités par an dans deux ans, et à 2,5 millions dans quatre ans. Avec pour objectif, toujours, la place de premier européen en 1993 ou 1994.(...)

Arnaud Rodier

– Delecolle: 10 millions de paires 'made in Brazil'

Il y a quelques années, lorsque Didier Delecolle s'est présenté chez André en proposant ses services pour l'importation de chaussures brésiliennes, c'est du bout des lèvres qu'on lui a accordé une commande de dix mille exemplaires, afin de tester un partenaire et une fabrication encore inconnue.

Aujourd'hui, D.Delecolle et sa société GVD, installée à Campo Bom, livrent chaque année un million de chaussures au grand distributeur français, dont quelques-uns de ses meilleurs best-sellers.(...) (Ce jeune entrepreneur français de 38 ans) vend surtout aux Etats-Unis (35%) et en Grandé-Bretagne (35%), avant la France (10%), la RFA et la Scandinavie. Il fournit en particulier les chaînes de magasins Candy's et Kinney aux E.U ainsi que BSC en GB qui posssède 2 500 points de vente. Cette exportation tout azimut représente une fabrication de 50 000 paires de chaussures par jour, 200 modèles par saison et un chiffre d'affaires de 100 millions de $ (...) D.Delecolle a vite compris les possibilités (de sa société), qui allie le dynamisme et la flexibilité industrielle à des prix de revient très faibles. Pour convaincre les distributeurs étrangers, il suffisait d'apporter les services d'import-export et de répondre très vite à l'évolution de la mode (dans un secteur où celle-ci change environ quatre fois par an). GVD est à la fois une société d'exportation, un centre moderne de conception et de design (et) un show-room, qui emploie au total 120 personnes.(...)

Jean-Louis Peytavin

Le Figaro, 26 septembre 1988

Read the above newspaper articles for a revision of business vocabulary.

l'impôt (m.) *tax*	**du bout des lèvres** *half-heartedly*
la croissance *growth*	**tout azimut** *everywhere*
vraisemblablement *probably*	**le prix de revient** *cost price*
frôler *to skim*	**faible** *weak*
les chaussures (f.) *shoes*	

Explications

une fabrication encore **inconnue** an ***unknown*** method of production
Cela est **impossible** *That's impossible.*

The opposite of an adjective can often be formed by prefixing it with **im-** in front of **b, m**, and **p**:

buvable – **im**buvable
mobile – **im**mobile
productif – **im**productif

in- in front of other consonants and vowels:

utile – **in**utile
habituel – **in**habituel
flexible – **in**flexible.

The opposite of an adjective can also be rendered by **peu – peu concluant** (*inconclusive*).

Pronunciation:

In front of a vowel or another **n**, the **in-** is pronounced like the word *marine*.

In front of a consonant the **in-** or **im-** is pronounced as in *vin*.

Comment ça marche

1 Ce qui, ce que

Ce qui is used to refer to the *sense* of the preceding phrase ((*a*) below). It is also used as the *subject* of the following verb ((*c*) below).

Ce que is used as the object of the following verb ((*b*) and (*d*) below).

(*a*) PSA a 12,7% du marché européen au premier semestre, **ce qui** le place juste derrière Fiat. *12.7 % of the European market in the first quarter which puts it just behind Fiat.*

(b) Je vois **ce que** vous voulez dire. *I see what you mean.*

(c) Je me demande **ce qui** le retient. *I wonder what is holding him up.*

(d) Vous savez **ce qu'**ils ont fait? *Do you know what they have done?*

2 Celui-ci, celui-là

To avoid the repetition of a noun, use the demonstrative pronoun (*this, that*) instead:

Il suffisait de répondre à l'évolution de la mode, dans un secteur où **celle-ci** change . . . *All that was required was to respond to change in fashion, in a sector where **this** changes . . .*

C'est lequel, ton stylo? **Celui-ci** ou **celui-là**? *Which is your pen? **This one** or **that one**?*

Masc. sing.	Fem. sing.		Masc. plural	Fem. plural	
celui-ci	celle-ci	*this one*	ceux-ci	celles-ci	*these*
celui-là	celle-là	*that one*	ceux-là	celles-là	*those*

Exercices

5 Complete the sentences with either **ce qui** or **ce que/qu'**:

(a) . . . m'intéresse, c'est . . . tu penses, non . . . tu dis.

(b) Je me demande . . . nous pouvons faire.

(c) Il ne comprend pas . . . lui arrive.

(d) Nous ne savons pas . . . s'est passé.

(e) Ce produit est à la fois pratique et bon marché, . . . n'est pas négligeable.

6 Reply to the question as in the example:

Ce quartier est habitable?
Non, il est inhabitable.

(a) Les bénéfices sont calculables?

(b) Le chômage est évitable?

(c) Votre repas est mangeable?
(d) Ces produits sont vendables?
(e) Son erreur est pardonnable?

7   Translate the following into French:

(a) He likes this magazine. I prefer that one.
(b) Is this car yours? No, not this one, that one over there.
(c) Nowadays the roads are dangerous, especially these.
(d) Take these leaflets! These? No, those!
(e) Use this photocopier! This one? No, not that one, the other over there!

8   Re-arrange the phrases to make a logical sentence:

(a) vos produits/nous achèterions/si/assez d'argent/nous avions
(b) ce contrat/comblé/tu pouvais/obtenir/si seulement/tu serais
(c) m'intéresse/c'est/que vous allez me proposer/ce qui/le prix
(d) par sa secrétaire/elle nous parlait/quand/de sa compagnie/elle a été interrompue
(e) augmenterait aussi/la garantie/dans l'hypothèse où/la prime/ vous aimeriez augmenter

---

se demander *to wonder*	**le chômage** *unemployment*
arriver à *to happen to*	**dangereux** *dangerous*
se passer *to happen*	**comblé** *overjoyed*
pratique *convenient*	**dans l'hypothèse où** *if, in case*

11 Buying from a French supplier: making a phone call

Première partie

John Brown, back in England, decides to buy his packaging in France. He telephones René Demarest for advice and then phones the potential supplier.

Dialogue

René Demarest Allô?

John Brown Monsieur Demarest? Bonjour, John Brown à l'appareil.

René Demarest Ah, John, bonjour, comment allez-vous? Je suis content de vous entendre!

John Brown Oui, moi aussi. Je vous téléphone parce que finalement, j'ai décidé de faire faire le conditionnement de mes produits en France, afin d'être sûr que la conception et l'impression des emballages soient adaptées au marché français. Est-ce que vous connaîtriez par hasard une compagnie qui ferait l'affaire?

René Demarest Laissez-moi réfléchir ... euh ... oui, tiens, Monsieur Belmonte de la Société Imprimex: c'est un bon ami à moi et je pense qu'il vous proposera des produits et un service de bonne qualité, à un prix raisonnable. Je vous donne son numéro de téléphone, si vous voulez ... alors ... c'est le 46.61.07.95.

John Brown Merci René, vous me rendez vraiment un grand service. J'espère vous revoir bientôt.

René Demarest Téléphonez-moi la prochaine fois que vous passez à Paris. Au revoir, John!

John Brown Au revoir, René!

(*Mr Brown téléphone à monsieur Belmonte*).

La standardiste: Allô Société Imprimex, bonjour.

John Brown Bonjour, j'aimerais parler à Monsieur Belmonte, s'il vous plaît.

La standardiste Un instant, ne quittez pas . . . Monsieur Belmonte, vous avez un appel sur la ligne numéro 2 . . . C'est de la part de qui?

John Brown M. John Brown de la Société Alco.

M. Belmonte Bonjour Monsieur, c'est à quel sujet?

John Brown Bonjour. Monsieur Demarest, qui est un de vos amis, je crois, m'a conseillé de vous téléphoner car vous seriez susceptible de me fournir en emballage, pour le conditionnement de mes produits vendus en France: je suis fabricant de meubles de bureau en kit.

M. Belmonte Merci de nous faire confiance. Effectivement, je connais très bien Monsieur Demarest. Mais de quoi avez-vous besoin, au juste?

John Brown Ecoutez, le mieux est que je vous envoie par courrier le détail de ce que je veux exactement. Vous pourrez alors m'envoyer vos prix en indiquant les remises que vous accordez, les escomptes dont on peut bénéficier, ainsi que vos modalités de paiement et vos tarifs de livraison.

M. Belmonte Certainement. Je m'en occupe tout de suite après avoir reçu votre lettre. Mais je vous signale que nous livrons les marchandises FOB Dieppe uniquement.

John Brown Je pense que ça ira. En ce cas, notre directeur des achats s'occupera de tout ce qui concerne documentation et transport.

M. Belmonte Très bien. Alors, à bientôt, Monsieur Brown, et merci encore.

John Brown Je vous en prie. C'est moi qui vous remercie. Au revoir, Monsieur.

---

faire faire *to have . . . done*
le conditionnement *packaging*
l'impression (f.) *printing*
l'emballage (m.) *packing*
adapté à *suited to*
par hasard *by (any) chance*
c'est à quel sujet? *what is it about?*

susceptible de *capable of*
fournir en *to supply with*
au juste *exactly*
après avoir + past participle *after (doing)*

Explicacions

Les conversations téléphoniques

When making business calls, you might encounter the following scenarios.

1 If you have already spoken to the firm before:

Standardiste		Allô, bonjour, Société Carnot (à votre service) . . .
	or	Allô bonjour, ici la Société Carnot (je vous écoute) . . .
Vous	1	Bonjour, ici Jeff Goldman.
	or	Bonjour, Jeff Goldman à l'appareil.
	2	Pouvez-vous me passer Monsieur Lecomte, s.v.p.*?
	or	Est-ce que Monsieur Lecomte est là, s.v.p.?
Standardiste		Un instant, s.v.p. . . . Je vous le passe.
	or	Ne quittez pas . . . Je vous le passe.
	or	Vous êtes en ligne.

2 But if Monsieur Lecomte is not there, the conversation might progress like this:

Standardiste		Il est absent.
	or	Sa ligne est occupée pour l'instant.
	or	Il est en réunion pour l'instant.
Vous		Est-ce que je peux lui laisser un message?

3 The operator might ask you to hold on:

Standardiste	Pouvez-vous attendre?
Vous	Oui, je vais patienter.

or to phone back:

Standardiste	Pouvez-vous rappeler (plus tard)?
Vous	Oui, je rappellerai. Quand est-ce que je peux le joindre?

4 You might be asked if you would like to leave a message:

Standardiste	Avez-vous une commission à lui faire?

*s.v.p. is shorthand for **s'il vous plaît**.

| Vous | Oui, dites-lui qu'il rappelle Jeff Goldman de la Société Transtex, au numéro 673238 à Leeds. |

to which she might reply:

Standardiste	Je lui ferai la commission.
or	Je lui transmettrai le message.
Vous	Merci bien. Au revoir, Madame.

5   If you have never spoken to the firm before the conversation might go like this:

Standardiste	Allô. Bonjour, Société Carnot, etc. . . .
Vous	Bonjour. Pourrais-je parler à Monsieur Lecomte, s.v.p.?
Standardiste	Oui. De la part de qui?
Vous	De Jeff Goldman, de la Société Transtex, à Leeds.
Standardiste	Un instant, s.v.p. etc. . . .

Comment ça marche

1   *Disjunctive pronouns*

The dialogue had an example of a special form of pronoun, called the disjunctive. It is used apart (*disjoined*) from the verb.

John Brown said:

> C'est **moi** qui vous remercie. *I'm grateful to you* (lit. *It's me who thanks you*).

In this way he was stressing that he was the one to be grateful.

Here are the forms of this special pronoun:

moi	*me*	nous	*us*
toi	*you*	vous	*you*
lui	*him*	eux	*them*
elle	*her*	elles	*them*
soi	*one*		

Use the disjunctive or emphatic pronoun in the following cases:

(*a*) After **c'est** and **ce sont**:

C'est nous qui l'avons fait. *It's we who did it.*
Ce sont elles qui vont arriver. *It's they who are gong to arrive.*

(*b*) After a preposition:

Nous parlons **avec** lui. *We talk to him.*
Elle part **sans** nous. *She's leaving without us.*
On se sent **chez** soi. *One feels at home.*

(*c*) After a comparison:

Elle est plus intelligente que lui. *She's more intelligent than he.*
J'en ai fait autant que toi. *I've done as much as you.*

(*d*) Alone for emphasis:

Qui est là? Moi. *Who's there? I am.*

(*e*) In compound subjects:

Toi, tu tiens le stand, **moi**, je discute avec les clients. *You look after the stand, I'll talk to the customers.*

(*f*) In combination with même: moi-même, nous-mêmes, etc.

Je le ferai **moi-même**. *I'll do it myself.*

N.B. Use **soi** when the subject is general (with **on, chacun, nul, personne**).

Chacun pour soi. *Every man for himself.*

2 Dont

Dont means *of which, of whom, whose* and is used to link two parts of a sentence in this way:

Les escomptes **dont** on peut bénéficier. *The discounts of which you can take advantage.*
Le client **dont** je vous ai parlé. *The customer about whom I've told you (I've told you about).*

C'est une femme **dont** le mari l'a quittée. *She's a woman **whose** husband has left her.*

Notice the word order in the last example.

Dont is commonly used with the following verbs:

avoir besoin de	parler de
avoir peur de	profiter de
bénéficier de	

---

3   *Après avoir* + **past participle: '*having done, after doing*'**

Je m'en occupe tout de suite, **après avoir reçu** votre lettre. *I'll see to it at once, **after receiving** your letter.*

J'ai pris une douche **après m'être installé**. *I had a shower **after settling in**.*

The rules for **avoir** and **être** verbs in the perfect tense still apply: the past participle must agree with the subject in the case of **être** verbs, and with a preceding direct object with **avoir** verbs.

Hier il a reçu une lettre. Après l'avoir lue, il l'a jetée au panier. *He got a letter yesterday. After reading it, he threw it in the bin.*

Elle est partie après s'être excusée. *She left after apologising.*

Exercices

1   Link the two sentences by using the relative pronoun **dont**.

Nous allons acheter de nouvelles machines; nous avons besoin de ces machines pour remplacer les anciennes.

Nous allons acheter de nouvelles machines **dont** nous avons besoin pour remplacer les anciennes.

(*a*)   Je vais chercher le café. Nous en avons bien besoin.

(*b*)   Il va vous exposer les avantages de ce contrat. Vous en bénéficierez tout de suite.

(*c*)   Les secrétaires craignent leur chef de bureau. Elles redoutent le mauvais caractère de ce chef de bureau.

(*d*) Nous n'aimons pas ce produit. L'emballage de ce produit laisse à désirer.

(*e*) Va voir cet homme. Je te parlais de lui hier.

2 Translate the following sentences, using disjunctive pronouns:

(*a*) We'll do this report ourselves.
(*b*) He's going home tomorrow.
(*c*) I categorically refuse to intercede on his behalf.
(*d*) Do that! No, not you, him.
(*e*) She did it for them.

3 Role play You are phoning a French company for the first time.

Standardiste	Allô. Bonjour, ici la Société Ganay. Je vous écoute.
Vous	*Say hello. Ask her if she can put you through to Monsieur Kessler.*
Standardiste	Oui, c'est de la part de qui?
Vous	*Explain who you are and where you work.*
Standardiste	Ne quittez pas . . . Ah, je suis désolée, monsieur, mais Monsieur Kessler est en réunion en ce moment.
Vous	*Say 'oh', and ask if you can leave him a message.*
Standardiste	Oui, bien sûr.
Vous	*Say, 'good', then, tell him to call you back and give your phone number.*
Standardiste	Très bien, monsieur, c'est noté.
Vous	*Thank her and say goodbye.*

4 Link the two parts of the sentences, as in the following example:

Il a visité l'usine, puis il est rentré directement chez lui.
Après avoir visité l'usine, il est rentré directement chez lui.

(*a*) Il a téléphoné au directeur, puis il a rédigé son rapport.
(*b*) Elle est passée me voir au bureau, puis elle est repartie mais j'ignore où.
(*c*) Ils se sont donné rendez-vous au restaurant, puis ils se sont quittés.
(*d*) Nous avons passé notre dernier examen hier, puis nous avons fait la fête!
(*e*) Les directrices sont entrées dans la salle de conférences, puis elles ont pris la parole chacune à leur tour.

Remember the rule for agreement of the past participle:

—With **avoir** verbs, it agrees in number and gender with a preceding direct object.
—With **être** verbs, it agrees with the subject.
—With reflexive verbs, it agrees with the reflexive pronoun.

The reflexive pronoun **se** in sentence (*c*) is not the direct object of the verb. Here, **se** means *to each other* and the direct object following the verb is **rendez-vous** – hence, there is no agreement on the past participle.

---

rédiger *to write, compose*
faire la fête *to live it up*
prendre la parole *to speak*
chacun à son tour *in turn*
chacun son tour! *wait for/take your turn!*

passer (un examen) *to take (an exam)*
la salle de conférences *conference room*

Deuxième partie

Expressions you might hear on the phone

Vous devez consulter l'annuaire.
You'll have to look the number up in the directory.

Vous pouvez obtenir ce numéro par l'automatique.
You can dial the number direct.

J'essaie de rétablir la communication
Je vais essayer de refaire le numéro
I'll try to reconnect you.

Ça sonne.
Ringing for you now.

Monsieur Laroche vous appelle en PCV de Bruxelles. Est-ce que vous acceptez la communication?
There's a Mr Laroche calling you from Brussels and wishes you to pay for the call. Will you accept it?

Ça ne répond pas.
There's no reply.

Est-ce que vous connaissez le numéro du poste?	*Do you know his extension?*
Mlle Neau vous appelle de Tours.	*Mlle Neau is calling you from Tours.*

Expressions you might use

Je voudrais le 52 06 75 49, s.v.p.	*Could you please get me . . .*
Quel est l'indicatif pour . . .?	*What's the code for . . .?*
Je voudrais le numéro de la société Brissac, 40 ave Ferrand, à Rennes.	*Can you give me the number of Brissac and Co. . . . in Rennes?*
Je suis bien chez Madame Lantier?	*Is that Mrs Lantier's phone?*
Voulez-vous que je lui fasse une commission?	*Can I take a message for him?*
J'ai appelé plusieurs fois, mais ça ne répond pas.	*I've called them several times, with no reply.*
La ligne est très mauvaise.	
Il y a de la friture.	*It's a very bad line.*
Vous m'avez donné un faux numéro.	*You gave me a wrong number.*
Je voudrais être réveillé à 7.15 demain.	*I'd like an alarm call at 7.15 tomorrow.*

Le téléphone

Pour tout savoir:

Consulter les Bottins et les annuaires. Il y en a trois pour Paris: 'Alphabétiques', 'Rues' et 'Professions'.

★ *Communications internationales*

Par voie automatique, décrocher, attendre la tonalité, faire le 19, attendre la tonalité, faire l'indicatif du pays, puis l'indicatif de zone et enfin, le numéro du correspondant.

Les principaux indicatifs de pays sont:

Allemagne Fédérale	49	Italie	39
Belgique	32	Etats Unis	1
Pays-Bas	31	Espagne	34
Grande-Bretagne	44	Japon	81
Suisse	41	Canada	1

★ *A savoir*

4 tarifs selon l'heure: le rouge, au prix fort, appliqué en semaine de 8h à 18h; le blanc, donne droit à 30% de réduction entre 18h et 21h30; avec le bleu c'est moitié prix jusqu'à 23h et entre 6h et 8h; enfin, avec le bleu nuit, tarif réduit de 70% entre 23h et 6h.

Numéros utiles à Paris
(pour la province voir l'annuaire local à la première page de chaque ville importante)

—Police secours tel. 17
—Pompiers tel. 18
—SOS Amitié tel. 621.31.31 – 364.31.31 – 723.80.80
  (SOS HELP en anglais)
—La Météo tel. 36.65.02.02
—Loisirs, Tourisme tel. 720.94.94/720.88.98 (en anglais)
—Informations téléphonées tel. 463.1
—Cours du jour des produits alimentaires tel. 43.44.53.00
—L'heure exacte ('L'horloge parlante') tel. 36.99
—Réveil tel. 36.88
—Objets trouvés tel. 45.31.14.80
—RATP (Régie Autonome des Transports Parisiens tel. 346.14.14.

(De *La France: J'aime!*
Hatier International/Cambridge, par Gilbert Quénelle)

Exercices

5 Reread the information on telephones and answer these questions:

(*a*) What are the three Paris directories called?

(*b*)   If you are in Paris, how do you dial direct to your home town abroad?

(*c*)   When is it cheapest to make a phone call?

(*d*)   What number do you dial to get the weather forecast?

(*e*)   What number should you ring for an alarm call?

6   You are having a hard time getting through to your contact. How do you say:

(*a*)   Could you please get me 45 82 64 59?

(*b*)   It's a very bad line.

(*c*)   You have given me a wrong number.

(*d*)   Can you put me through to Madame Le Bras, please?

(*c*)   Can I leave her a message?

7   It's a bad line so you have to read out the spelling of these names:

(*a*)   Alain Fourrier

(*b*)   Steven Macdonald

(*c*)   Sally Broadbent

(*d*)   Le Cheval Blanc

(*e*)   Natalie Laurence

(*f*)   *Your own name*

8   Your French client has asked for a list of phone numbers. Read them to her over the phone:

(*a*)   95 54 07 14

(*b*)   32 88 41 76

(*c*)   723 33 62

(*d*)   389 61 27

(*e*)   359 55 91

12 Follow-up: confirmation of order by letter

Première partie

Stewart Anderson, Alco's Purchasing Director, wants to dictate his order to Lynn, his secretary.

Dialogue

Lynn Morning, Mr Anderson.

Stewart Anderson Ah non, Lynn, aujourd'hui je ne veux entendre parler que français, dans ce bureau: c'est ce qu'on appelle faire de l'immersion totale. Nous allons profiter de ce que j'aie* une lettre à envoyer en France, pour mettre à l'épreuve le français que vous êtes censée avoir appris dans ce fameux stage accéléré. Voyons si vous n'avez pas perdu votre temps et l'argent de la compagnie!

Lynn Bien, monsieur. Attendez, je prends mon bloc-notes et mon stylo . . . Zut! je ne le trouve pas. Tant pis, je prends celui de Veronica . . . Voilà! je suis à vous.

Stewart Anderson Alors, on peut commencer . . . Ah, Lynn, mentionnez en suscription: (*Il commence à dicter*).

A l'attention de Monsieur Belmonte

Monsieur,

Après avoir examiné le catalogue, les échantillons et les tarifs que vous nous avez envoyés, nous avons le plaisir de vous adresser ci-joint une commande de 1000 unités, au prix convenu précédemment de 10 000F FOB Dieppe, des emballages suivants:
Dimensions: 200cms × 100cms × 15cms

*For the subjunctive form of verb see Chapters 13 and 14.

Matière première: Carton – Qualité 150 4231
Impression: Fournisseur: Société Alco, Leeds
      Mobilier dernier cri pour bureaux modernes
Nous confirmons aussi que nous effectuerons les règlements par traite
à 30 jours fin de mois.
Nous vous prions de bien vouloir nous envoyer un télex dès que les
marchandises seront expédiées.
En vous remerciant à l'avance, nous vous prions de croire, monsieur,
à l'assurance de nos sentiments les meilleurs, etc, etc. . .

Voilà, c'est tout. Eh bien, Lynn, pour la compréhension, ce n'est pas
trop mal. Mais vous me ferez lire la lettre, une fois tapée, que je voie*
ce que ça donne à l'écrit . . .
Lynn   Très bien, monsieur, je m'y mets immédiatement . . . Vous
allez être époustouflé!

*For the subjunctive form of verb see Chapters 13 and 14.

---

profiter de *to take advantage of*	**celui de** *the one* (*belonging to*)
mettre à l'épreuve *to put to the test*	**la suscription** *address, heading*
être censé (faire) *to be supposed to* (*do*)	**le carton** *cardboard*
fameux *great, much-vaunted*	**le mobilier** *furniture*
le stage (*training*) *course*	**dernier cri** *high-style, latest*
perdre *to waste*	**expédier** *to despatch*
le bloc-notes *note-book*	**taper** *to type*
zut! *blast!*	**à l'écrit** *in writing*
tant pis *never mind, that's too bad*	**s'y mettre** *to set about, get on with*
	époustouflé *flabbergasted*

Explications

Countries, inhabitants, adjectives

French uses the same word to denote a native of a country, the
language he or she speaks, and the adjective to describe the things of
that country. For female natives and adjectives, add an **-e**.

    un Anglais
    elle parle anglais
    de la bière anglaise

l'Allemagne	allemand	*German*
l'Angleterre	anglais	*English*
la Belgique	belge	*Belgian*
le Canada	canadien	*Canadian*
la Chine	chinois	*Chinese*
le Danemark	danois	*Danish*
l'Ecosse	écossais	*Scottish*
l'Espagne	espagnol	*Spanish*
les Etats Unis	américain	*American*
la France	français	*French*
l'Irlande	irlandais	*Irish*
l'Italie	italien	*Italian*
le Japon	japonais	*Japanese*
le Luxembourg	luxembourgeois	*of/from Luxembourg*
le Mexique	mexicain	*Mexican*
la Norvège	norvégien	*Norwegian*
les Pays Bas	hollandais	*Dutch*
le Pays de Galles	gallois	*Welsh*
la Pologne	polonais	*Polish*
le Portugal	portugais	*Portuguese*
la Russie	russe	*Russian*
le Sénégal	sénégalais	*Senegalese*
la Suède	suédois	*Swedish*
la Suisse	suisse	*Swiss*

N.B. Use a capital letter for the inhabitant of a country, and a small letter for an adjective:

Les **Italiens** adorent le football.
Moi, j'aime les voitures **italiennes.**

Comment ça marche

1 Celui de, celle de

The demonstrative pronoun (**celui, celle, ceux, celles**) followed by **de** marks possession. In the dialogue, Lynn couldn't find her pen, so she borrowed Veronica's:

Je ne trouve pas mon stylo, je prends **celui de** Veronica. *I can't find my pen, I'll take Veronica's* (lit. *that of Veronica*).

Some other examples:

> Je suis désolé, vos produits sont bons, mais **ceux de** votre concurrent sont meilleurs. *I'm sorry, your products are good, but those of your competitor are better.*
>
> Voilà ma voiture: **celle** du directeur des achats est au parking. *Here's my car: the purchasing manager's is in the car park.*
>
> Mes chaussures sont noires, **celles** de Françoise sont marron. *My shoes are black, Françoise's are brown.*

2 *Compound tenses*

In addition to the perfect tense, there are the following tenses made up of two elements. Despite their appearance they are quite logical, and you will be able to use and understand them easily:

| **Pluperfect:** | J'avais écrit. | Ils étaient partis. |
| | *I had written.* | *They had left.* |

Formation: Imperfect of **avoir** or **être** + past particple.

| **Future perfect:** | J'aurai fait . . . | Vous serez arrivé(s). |
| | *I shall have done . . .* | *You will have arrived.* |

Formation: Future of **avoir** or **être** + past participle.

| **Conditional perfect:** | J'aurais eu . . . | Nous serions sortis. |
| | *I would have had . . .* | *We would have gone out.* |

Formation: Conditional of **avoir** or **être** + past participle.

N.B. The choice of **avoir** or **être** and rules of agreement are the same as for the perfect tense.

Exercices

1 Rework the example with each nationality:

Norway – Les Norvégiens adorent le sport.
       Moi, j'adore la cuisine norvégienne.

| (*a*) | Canada | (*c*) | Japan |
| (*b*) | Russia | (*d*) | Holland |

(*e*)	Denmark	(*h*)	USA
(*f*)	Wales	(*i*)	China
(*g*)	Ireland	(*j*)	Portugal

2   Make one sentence using the pluperfect as in the example:

Il a acheté une voiture. Puis il est parti pour l'Inde.
Quand il avait acheté une voiture, il est parti pour l'Inde.

(*a*)   Elle a téléphoné à son chef. Puis elle a quitté le bureau.
(*b*)   Nous sommes arrivés à Bordeaux. Puis nous avons visité leur usine.
(*c*)   Je me suis renseigné sur les fournisseurs. Puis je me suis mis en route.
(*d*)   Ils ont fini leur repas. Puis ils se sont couchés.
(*e*)   Il est sorti. Puis il s'est dirigé vers la gare.

3   Complete the sentence with **celui**, **celle**, **ceux**, or **celles**:

(*a*)   Tu aimes cette voiture allemande? Oui, mais je préfère _____ de mon chef.
(*b*)   C'est _____ des trois clients que je connais le mieux.
(*c*)   Donnez-lui la nouvelle brochure; c'est _____ qui l'intéresse.
(*d*)   J'hésite entre les deux modèles; _____-ci est plus efficace, mais _____-là est moins cher.
(*e*)   Je n'aime pas ces échantillons, _____ de Solpitex sont nettement supérieurs.

4   Write a letter to a supplier, Monsieur Jospin, confirming your order for 1,500 units, at the previously agreed price of 15 000F FOB Le Havre, of cardboard packaging, measuring $150 \times 75 \times 250$ cms. Give your company name as the one to be printed on the packaging, and confirm that payment will be by 60-day draft. Ask him to send you a telex as soon as the goods are despatched. Complete your letter in the normal way.

Deuxième partie

If Mr. Anderson's secretary is taking a crash course in French, you can be sure that the French business world is keeping abreast of management training . . .

LA FLAMBÉE DES MBA EUROPÉENS

Oublier Harvard...

L E MBA (Master of Business Administration) serait-il l'arme absolue de l'impérialisme américain ? On pourrait le croire à voir la vogue dont jouit, dans le monde entier, ce diplôme « made in USA » de formation des managers de haut niveau. Les Français eux-mêmes, pourtant généralement très fiers de leurs propres peaux d'ânes, se sont entichés de ce titre sans équivalent sur le marché académique national.

Lorsque la nouvelle révolution industrielle a éclaté, après la guerre, les techniques magiques de la gestion ne s'enseignaient qu'outre-Atlantique. C'est donc là que se rendaient tous ceux qui voulaient participer à cette grande aventure. Mais le voyage à La Mecque du business n'étant pas à la portée de tout le monde, certains pays d'Europe ont créé leurs propres formations. C'est ce qu'a fait la France en intégrant cette nouvelle spécialité dans son système éducatif, avec les grandes écoles de commerce et les filières universitaires de gestion.

Parallèlement, une autre démarche a consisté à transposer, purement et simplement, la for-mule américaine de ce côté-ci de l'Atlantique. Les premiers établissements de ce type ont été créés à l'initiative des entreprises, soucieuses de disposer d'un instrument pour le perfectionnement de leurs cadres. C'est ainsi qu'Alcan, société canadienne d'aluminium, créa en 1946, à Genève, l'IMI (International Management Institute) et que Nestlé fonda en 1957, à Lausanne, l'IMEDE (International Management Development Institute).

De la même époque datent l'IESE (Instituto de Estudios Superiores de la Empresa) de Barcelone, fondé en 1958 par l'université de Navarre, contrôlée par l'Opus Dei, et l'INSEAD (Institut européen d'administration des affaires) créé, en 1959, à Fontainebleau, à l'initiative d'un manager franco-américain, Georges Doriot et des PDG de Pechiney et de Saint-Gobain.

Frédéric Gaussen, Le Monde, 15 septembre 1988

la flambée *flare-up, explosion*	**se rendre** *to go*
l'arme absolue *ultimate weapon*	**La Mecque** *Mecca*
jouir de *to enjoy*	**la filière** *path, channel*
fier, fière (de) *proud of*	**la démarche** *course of action*
la peau d'âne (fam.) *diploma*	**soucieux** *mindful*
s'enticher de *to get hooked on*	**disposer de** *to have*
éclater *to explode*	**fonder** *to found*

Explications

The eight major business schools in Western Europe have formed an informal 'Group of 8' club, which meets regularly to discuss educational strategies and training syllabuses. It also organises promotional presentations to demonstrate the activities of the schools.

The eight members are IESE (Spain); IMEDE and IMI (Switzerland), which have merged to form IMD – International Institute for Management Development; INSEAD, ISA (France); London Business School, Manchester Business School (UK); RSM (Holland) and SDA Bocconi (Italy).

INSEAD is a private organisation, while ISA is controlled by the Chambres de Commerce (see Chapter 22).

Comment ça marche

More uses of pouvoir *and* devoir

We have already come across some of the special uses of **pouvoir** and **devoir** in certain tenses (see Chapters 4 and 5). In the text we find:

On pourrait le croire . . .   *You might think so . . .*

Here are some further examples:

(*a*)   *Conditional*:

Est-ce que je **pourrais**?	*Could I?*
Vous **devriez** y aller.	*You ought to go there.*
Je **devrais** écrire.	*I ought to write.*

(*b*)   *Conditional perfect*:

Vous **auriez pu** venir.	*You **could have** come.*
Il **aurait pu** le faire.	*He **could have** done it.*
J'**aurais dû** écrire.	*I **ought to have** written.*
	*I **should have** written.*
Il **aurait dû** me parler.	*He **ought to have** spoken to me.*

(*c*)   *Imperfect*:

Il **pouvait** avoir vingt ans.	*He **might have** been twenty.*
Je ne **pouvais** pas le faire.	*I **could** not do it.*
Je **devais** écrire	*I **was** to write/to have written.*
Il **devait** être très vieux.	*He **must have** been very old.*

(*d*)   *Perfect*:

J'**ai dû** l'envoyer hier	*I **must have** sent it yesterday.*
Il **a dû** partir	*He **must have** left.*
Ils **ont pu** partir par là.	*They **may have** gone off that way.*
Elle **a pu** sortir.	*She **may have** gone out.*

Exercices

5   Translate from the French:

(*a*)   Pourriez-vous me passer Monsieur Jospin, s'il vous plaît?
(*b*)   La secrétaire aurait dû les contacter hier.
(*c*)   Il ne devrait pas y avoir de baisse du bénéfice par action prévue pour cette année.
(*d*)   Il doit arriver à Roissy vers dix-huit heures.
(*e*)   Ils auraient pu visiter la foire cette fois!

6   Your colleague shows you the **graphique** on the following page, from *Le Monde*, and asks for some help in deciphering it.

He asks you the following questions:

(*a*)   What action began France's slow-down in unit costs?
(*b*)   How are they developing now in comparison with other industrialised countries?
(*c*)   What other countries figure on the graph?

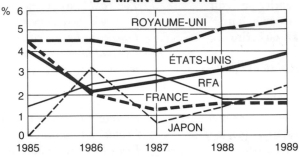

ÉVOLUTION DES COUTS UNITAIRES DE MAIN-D'ŒUVRE

Le blocage des salaires en 1982 par le gouvernement Mauroy puis l'évolution extrêmement modérée qui a suivi ont permis à la France de ralentir nettement la progression de ses coûts unitaires de main-d'oeuvre. On voit que ceux-ci progressent maintenant plutôt moins vite que dans les autres grands pays industrialisés, ce qui est un gage de compétitivité accrue.

Le Monde 6th July 1988

(*d*) What, according to the newspaper, does this slowing-down prove?

(*e*) What do the words **main d'oeuvre**, **ceux-ci**, **nettement** mean?

7 Answer these statements using **devoir**:

Il n'a pas visité l'usine.
Non, mais il devrait la visiter aussitôt que possible.

(*a*) Il n'a pas trouvé ses notes.
(*b*) Elle n'a pas parlé au directeur des achats.
(*c*) Ils n'ont pas préparé leur présentation.
(*d*) Vous n'avez pas téléphoné à l'expert-comptable.
(*e*) On n'a pas fixé la date du meeting.

13 Problems: complaints and apologies

Première partie

Monsieur Demarest has received a delivery of desks which were damaged en route. He thinks this was the result of poor packing and is on the phone to John Brown to complain.

Dialogue

René Demarest Non John, j'ai le regret de vous dire que je ne suis pas très content: la livraison No 1304 vient juste d'arriver et visiblement certaines des marchandises ont subi des dégâts lors du transport.

John Brown Vraiment? Ecoutez, je suis désolé, je vais faire le nécessaire, alors, pour que les articles endommagés soient remplacés dans les plus brefs délais et je vais m'empresser d'adresser une déclaration des dégâts à notre compagnie d'assurance. Mais je pense que vous avez déjà relevé vos pertes sur le reçu.

René Demarest Oui, bien entendu, et je vous remercie de réagir avec tant de diligence. Mais je pense toutefois que le problème vient plus de votre emballage en général, que d'autre chose.

John Brown Précisez votre pensée, je vous prie. Personnellement, c'est la première fois que j'entends parler de tels problèmes: jusqu'à présent, tous nos clients ont été satisfaits de notre façon d'emballer leurs produits.

René Demarest Et bien, il me semble que cette fois-ci les marchandises n'étaient pas bien calées dans leur carton et qu'elles ont eu à souffrir de chocs pendant la traversée; certaines ont même crevé leur emballage.

John Brown Bon, nous prenons l'affaire en main; et nous allons prendre des mesures pour que cela ne se reproduise plus à l'avenir. En attendant, on va faire renforcer les emballages avec des matériaux de protection supplémentaires. Mais j'aimerais savoir si, malgré cet incident regrettable, vous êtes satisfait dans l'ensemble, de notre collaboration.

René Demarest Oh oui, tout à fait, les affaires marchent bien. Nous devrions atteindre nos objectifs cette année même et nous espérons avoir le plaisir de voir vos nouveaux modèles, prévus pour l'année prochaine.

John Brown Oui, bien sûr, je suis certain que vous serez emballé, si j'ose m'exprimer ainsi ... et j'ai la conviction qu'ils vous feront augmenter considérablement vos ventes. Ceci étant dit, pour en revenir à nos problèmes d'emballage, je vous contacterai incessamment sous peu pour régler tout cela.

---

subir *to undergo*
les dégâts (m. pl.) *damage*
lors de *during*
pour que + subj. *so that*
endommagé *damaged*
dans les plus brefs délais *as soon as possible*
s'empresser de *to hurry to*
l'assurance (f.) *insurance*
relever *to pick out, find*
la perte *loss*
réagir *to react*
caler *to wedge*
la traversée *crossing*

crever *to burst, split*
prendre en main *to take in hand*
se reproduire *to happen again*
(faire) renforcer *to reinforce*
dans l'ensemble *on the whole*
atteindre *to attain*
prévoir *to plan*
être emballé *to be thrilled*
oser *to dare*
s'exprimer *to express oneself*
ceci étant dit *that being said*
en revenir à *to get back to*
incessamment sous peu *very shortly*

Comment ça marche

1 *The subjunctive mood*

John Brown says:

> Je vais faire le nécessaire, pour que les articles **soient** remplacés. *I'll do what's necessary for the articles **to be** replaced* (lit. *so that the articles **may be** replaced*).

Here are some different examples of the subjunctive:

> Voulez-vous que je le **fasse**? *Do you want me to do it?* (lit. *that I do it*)
>
> Il faut que vous y **alliez** immédiatement. *You **must** go there at once* (lit. *it is necessary that you go*)

(*a*) *Formation*

(i) The stem is usually provided by the third person plural of the normal present tense (*present indicative*).

finir	ils finissent	je finisse
attendre	ils attendent	j'attende
porter	ils portent	je porte

(ii) The *present subjunctive* endings are:

je	**-e**	nous	**-ions**
tu	**-es**	vous	**-iez**
il/elle/on	**-e**	ils/elles	**-ent**

je finisse	j'attende	je porte
tu finiss**es**	tu attend**es**	tu portes
il finisse	il attende	il porte
nous finiss**ions**	nous attend**ions**	nous port**ions**
vous finiss**iez**	vous attend**iez**	vous port**iez**
ils finiss**ent**	ils attend**ent**	ils port**ent**

(iii) Some verbs have an irregular present subjunctive:

avoir	j'aie	nous ayons
être	je sois	nous soyons
faire	je fasse	nous fassions
aller	j'aille	nous allions
pouvoir	je puisse	nous puissions
vouloir	je veuille	nous voulions
savoir	je sache	nous sachions

(iv)   Some verbs have **nous** and **vous** forms which are identical with the imperfect:

appeler	j'appelle	nous appelions
envoyer	j'envoie	nous envoyions
recevoir	je reçoive	nous recevions
venir	je vienne	nous venions
prendre	je prenne	nous prenions

(*b*)   *Uses*

(i)   After **il faut que**:

Il faut que vous y **alliez** demain. *You must go there tomorrow.*
Il faut qu'il le **fasse**. *He has got to do it.*

(ii)   After certain conjunctions:

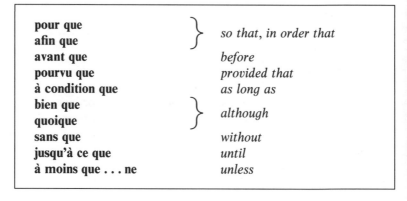

Bien que je ne **puisse** pas venir . . . *Although I can't come . . .*
Pour qu'il **comprenne** nos projets nous allons faire le nécessaire.
   We'll do what's necessary for him to understand our plans.
A moins qu'il ne **vienne**, je ne signerai pas le contrat. *Unless he comes I won't sign the contract.*

(iii)   After verbs of wishing and feeling, when there is a change of subject between the main and subordinate clause:

Je veux que tu **viennes** me voir. *I want you to come and see me.*
Il préfère que je ne le **fasse** pas. *He prefers me not to do it.*
Je regrette que vous **partiez** si tôt. *I'm sorry you're leaving so soon.*

(iv)   After expressions of doubt and possibility:

Il est (im)possible que . . .   *It's (im)possible that . . .*
Je ne crois/pense/dis pas   *I don't think/believe/say that . . .*
que . . .
Je doute que . . .   *I doubt that . . .*
Je ne dis pas que vous vous **trompiez** . . . *I'm not saying you're making a mistake . . .*
Il est impossible qu'elle **fasse** cela. *It's impossible for her to do that.*

(v)   In clauses depending on a superlative:

C'est la femme la plus intelligente que je **connaisse**. *She's the most intelligent woman I know.*

Also after **premier**, **dernier** and **seul**:

C'est le seul client que j'**aie** vu. *He's the only customer I've seen.*

Exercices

1   People don't seem to be understanding your requests, so try putting them another way:

Pourriez-vous me donner leur numéro de téléphone?
Pardon?
Je voudrais que **vous me donniez** leur numéro de téléphone.

(*a*)   Pourriez-vous leur choisir un bon hôtel?
(*b*)   Pourriez-vous nous attendre quelques minutes?
(*c*)   Pourriez-vous m'indiquer son nom et son adresse?
(*d*)   Pourriez-vous prendre cette proposition en considération?
(*e*)   Pourriez-vous écrire à ce client immédiatement?

2   Mettez la forme correcte du verbe:

(*a*)   Afin qu'aucun problème ne (survenir), j'enverrai une traduction de cette lettre.

(*b*)   Il est venu tôt afin que nous (pouvoir) terminer avant la nuit.
(*c*)   Il souhaite que nous (faire) des projets.
(*d*)   Il regrette que nous n'(employer) pas de personnel français.
(*e*)   Il faudrait que les secrétaires (savoir) l'anglais.
(*f*)   Il faut que je lui (dire) ce que j'ai à dire.
(*g*)   J'ai peur qu'il (falloir) l'aider.
(*h*)   Pourvu qu'elle (comprendre) tous les problèmes, je l'aiderai.
(*i*)   Il est possible que ce contrat (être) le meilleur.
(*j*)   Je doute qu'il (pouvoir) le faire tout seul.

3   Role play   Votre client, Monsieur Letellier, vous téléphone pour se plaindre . . .

M. Letellier	Allô Bob? Je voudrais vous parler de notre dernière livraison de marchandises. Elles ont subi des dégâts lors du transport.
Vous	*Express your surprise and say that you are sorry. Add that you will do everything possible to get the goods replaced as soon as possible.*
M. Letellier	Je vous remercie de réagir avec tant de diligence, mais votre emballage n'est pas assez robuste, il faut l'avouer.
Vous	*Say that this is the first time you've heard of any such problems, but that you'll see to it that it doesn't happen again. Ask whether he is happy with the arrangements in general.*
M. Letellier	Oh oui, tout à fait.

4   Use the verb to form the corresponding adjective: habiter – habitable:

On peut habiter la maison?
Non, je ne crois pas qu'elle soit habitable avant Pâques.

(*a*)   On peut payer la dette?
(*b*)   On peut discuter les conditions?
(*c*)   On peut trouver ces produits?
(*d*)   On peut livrer les marchandises tout de suite?
(*e*)   On peut prendre la première place sur ce marché?

Deuxième partie

Les lettres de réclamation: letters of complaint

Société Moditex,
13, av. de Grenelle
67200 STRASBOURG,

Bristol, le 16 mai, 1988

A l'attention de Monsieur Beisson.

Monsieur,

Nous venons de prendre livraison des articles figurant sur notre commande No 436/24.

Malheureusement, nous sommes au regret de vous faire savoir qu'il nous est impossible d'accepter les articles reçus. Ceux-ci portaient la mention 'deuxième qualité' et notre commande spécifiait clairement 'articles de première qualité'.

En conséquence, nous vous les réexpédions, ce jour, à vos frais et demandons de bien vouloir nous faire livrer les articles manquants avant le 20 juin.

En espérant obtenir satisfaction dans de brefs délais, nous vous prions d'agréer, Monsieur, l'expression de nos meilleurs sentiments.

Directeur des achats,

Jean-Pascal Marron

Jean-Pascal Marron

---

nous sommes au regret de *we are sorry to*	**spécifier** *to specify*
la mention *mark, comment*	**à vos frais** *at your expense*
	manquant *missing*

Explications

Here are a few more useful expressions for writing business letters:

Dans l'espoir que vous prendrez les mesures qui éviteront la répétition de telles erreurs/de tels retards . . . *Hoping you will take the necessary steps to prevent such mistakes/delays happening in future . . .*

Nous exigeons un envoi immédiat des articles manquants. *We request immediate despatch of the missing articles.*

Veuillez (Nous vous prions d') excuser ce retard/cette erreur. *Please accept our apologies for the delay/mistake.*

Exercices

5 Translate the following into French:

(a) We have just taken delivery of our order no. 3425.
(b) We'll do what's necessary to get the goods replaced.
(c) We would like you to sign the contract very shortly.
(d) This is the first time we have heard of such a problem.
(e) I am sorry you can't stay a little longer.

6 Write a letter to a customer in France, saying that you acknowledge receipt of their letter dated 4th May, and apologise for the delay in delivery. Explain that owing to an unexpected demand for your products, you have been unable to respect the delivery dates. Give assurances that you have just despatched the order. End the letter in the normal way.

Nous accusons réception de *We acknowledge receipt of*	**par suite de** *owing to* **inattendu** *unexpected*

7 Use the subjunctive to ask permission to do things:

Ask if you can leave.
Vous permettez que je parte?

(a) Ask if you can smoke.
(b) Ask if you can close the window.
(c) Ask if you can organise a meeting.
(d) Ask if you can go to the canteen.
(e) Ask if you can make a list of customers.

14 Socialising

Première partie

Although John Brown has known René Demarest for some time they still call each other **vous**, even on a night out with Madame Demarest.

Dialogue

(*A l'hôtel Mercure*)
René Demarest   Bonsoir, John. Nous ne sommes pas trop en retard, j'espère. Nous avons été pris dans un embouteillage monstre, et . . .
John Brown   Ne vous en faites surtout pas, je viens juste de descendre. Je m'étais fait une tache sur mon complet-veston, et j'ai dû me changer à la hâte.
René Demarest   Bon, tout est bien qui finit bien, alors. John, permettez-moi de vous présenter ma femme, Anne-Claire.
John Brown   Je suis ravi de faire votre connaissance, madame.
Anne-Claire   Bonsoir, monsieur. Mon mari m'a beaucoup parlé de vous.
John Brown   Oh, je vous en prie, appelez-moi John.
René Demarest   Eh bien, maintenant que les présentations sont faites, nous pouvons aller au restaurant, je crois. John, nous allons vous faire connaître notre restaurant préféré. C'est un petit restaurant de quartier, mais on y fait ce qu'on appelle populairement 'de la très bonne bouffe'.
(*Au restaurant, ils choisissent le menu*)
René Demarest   Comme hors d'oeuvre, John, que prenez-vous? Je vous recommande tout particulièrement le feuilleté d'escargot: c'est une spécialité du chef.
John Brown   Bon, je vous fais confiance. Et vous, Anne-Claire, vous avez fait votre choix?

MENU à 185 FRANCS

Service et Taxes Compris

Foie Gras

Feuilleté d'escargot au fumet des bois

Saumon fumé norvégien

* *

Panaché de poissons grillés

Bavarois de la mer au beurre d'oursins

* *

Magret de canard au vinaigre
de framboises

Emincé d'agneau aux trompettes

Filet de bœuf aux 2 poivres ou grillé

Ris de veau aux morilles

* *

Garniture de légumes

* *

Ronde des Fromages

* *

Chariot de desserts

Anne-Claire   Hmm . . . j'hésite. Peut-être du saumon fumé, à moins que je ne prenne du foie gras, pour changer.

(*Deux heures plus tard. Ils prennent le café.*)

Anne-Claire   A propos, John, vous ne m'avez pas dit si votre femme travaillait?

John Brown   Oui, oui, maintenant que les enfants sont grands, et qu'ils vont à l'école, Gillian s'est trouvé un job à mi-temps, comme comptable dans une entreprise de confection.

Anne-Claire   Je trouve qu'elle a raison. D'ailleurs, moi non plus, je ne suis pas très femme d'intérieur . . . Et vos enfants, ils ont quel âge?

John Brown   L'aîné, Michael, a quatorze ans maintenant. Il est en troisième et il marche assez bien à l'école; ma femme et moi aimerions bien qu'il fasse Cambridge plus tard. La cadette s'appelle Rebecca, elle a dix ans, et c'est une fanatique du sport.

Anne-Claire   Elle tient peut-être de son père?

John Brown Je dois avouer qu'elle a plutôt hérité ce côté-là de sa mère. Moi, je serais plus du genre 'pantouflard'.

René Demarest Ah bon, le sport ne vous intéresse pas?

John Brown Ah si, mais à la télé. Pour rien au monde je ne manquerais un match de foot ou de rugby. D'ailleurs . . .

(*Arrivée du serveur*)

Serveur Madame, messieurs, vous désirez autre chose?

René Demarest Encore un café, John?

John Brown Ouf . . . merci, c'était très bon, mais je n'en peux plus! (*Au serveur*) Je peux avoir l'addition, s'il vous plaît?

René Demarest Mais vous n'y pensez pas! C'est . . .

John Brown Si, si, j'insiste, vous êtes mes invités; et puis, ça me fait plaisir de vous offrir ce repas.

René Demarest Très bien, j'accepte, mais quand on se reverra, la note sera pour moi!

---

l'embouteillage (m.) *traffic jam*	**l'aîné** *elder*
ne vous en faites pas *don't worry*	**bien marcher** *to do, go well*
la tache *stain*	**le cadet** *younger*
le complet-veston *suit*	**fanatique** *mad about*
à la hâte *in a hurry*	**tenir de** *to take after*
ravi *delighted*	**pantouflard** (m.)/(adj.) *stay-at-*
la bouffe *nosh, grub*	*home*
faire confiance à *to trust*	**le serveur** *waiter*
à moins que . . . ne *unless . . .*	**l'addition** (f.); **la note** *bill*
mi-temps *part-time*	**vous n'y pensez pas!** *don't be*
la confection *clothing industry*	*silly!*
avoir raison *to be right*	**l'invité** (m) *guest*
une femme d'intérieur *housewife*	

Explications

1 Tu or **vous?** Even though John and René are on first name terms, they still call each other **vous** – **vouvoyer**. The best advice is to follow the lead of your French friends and acquaintances. If you hear the expression – **on se tutoie?** – you are being requested to use the more familiar **tu** form – **tutoyer**.

2 *Please* and *thank you* **Merci** means *no thank you* in reply to a

question, and is usually accompanied by a gesture implying refusal
(e.g. lift up one hand, palm outwards).

> Encore un café, John? . . . Ouf . . . merci! *Another coffee, John? . . .
> Oh! No thank you.*

If, on the other hand, you would like what is being offered, you should
say:

> Oui, s'il vous plaît *or* Oui, avec plaisir *or* Volontiers.

2   When ordering a steak, it is useful to know the following phrases:

bleu	*very rare*
saignant	*rare*
à point	*medium*
bien cuit	*well done*

Comment ça marche

Hidden future

The future tense must be used, when future time is meant, after certain
conjunctions of time:

quand	lorsque	aussitôt que	dès que

> Quand on **se reverra**, la note sera pour moi. *When we (shall) meet
> next time, I'll pay.*
> Dès que **j'arriverai** chez moi, je vous écrirai. *As soon as I get home
> I'll write to you.*

Exercices

1   Put into the hidden future as in the example:

S'il est prudent, il réussira.
Quand il sera prudent, il réussira.

(*a*)   S'il mesure l'enjeu de cette affaire, il parviendra à ses fins.
(*b*)   Si nous nous décidons à partir, j'achèterai les billets moi-même.

(*c*) S'il sait ce qu'il fait, on lui accordera notre confiance.

(*d*) Si vous allez dans ce restaurant, vous ne serez pas déçu.

(*e*) Si tu vois le directeur, tu lui diras que je reviens bientôt.

---

l'enjeu de l'affaire *what is at*   **déçu** *disappointed*
stake

---

2 Link the following pairs of sentences, using the conjunctions in brackets:

Emprunte son dossier. Il s'en aperçoit. (sans que)
Emprunte son dossier sans qu'il s'en aperçoive.

(*a*) Il me téléphonera. Nous parlons affaires. (afin que)

(*b*) Nous allons essayer d'aller voir ce spectacle demain. Il faut normalement retenir longtemps à l'avance. (bien que)

(*c*) Je ne vois pas d'autre solution. Vous faites des concessions à votre concurrent (à moins que . . . ne)

(*d*) Peu importe le moyen de locomotion qu'il prendra. Il y va. (pourvu que)

(*e*) Je le lui ferai répéter. Il le sait par coeur. (jusqu'à ce que)

3 Role play You are in a smart restaurant with your customer, Charles-Hubert, and his wife, Michèle-Catherine. Since you are paying, you ask them what they want, while the waiter takes the order.

Vous	*Ask Michèle-Catherine what she would like as a starter.*
Michèle-Catherine	Ah . . . je suis très tentée par le feuilleté d'escargot.
Vous	*Ask Charles-Hubert if he has chosen.*
Charles-Hubert	Oh, moi, c'est simple. Je prends toujours du saumon fumé.
Vous	(*au serveur*) *Add that you'll have the smoked salmon too.*
Serveur	Et ensuite?
Vous	*Say, well, you think that the **magret de canard au vinaigre de framboises** will suit you all perfectly. Ask the waiter what wine he advises.*

Serveur	Un Fourchaume 84 relèvera parfaitement la saveur du canard.
Vous	*Say it's perfect.*
(*Après le repas*)	
Charles-Hubert	Vraiment, James, nous vous remercions, nous avons fait un excellent repas.
Vous	*Say, it's true, this restaurant lives up to its reputation. Ask the waiter if he can bring you the bill, please.*

---

tenté *tempted*	**relever** *to bring out*
tout à fait *perfectly*	**être à la hauteur de** *to live up to*

---

4 Translate into French:

(*a*) We want you to write your name and address.
(*b*) He is sorry that you're going.
(*c*) I don't think he is dishonest.
(*d*) It's a pity we can't see him tomorrow.
(*e*) I'm afraid that you won't have the time to do everything.

Deuxième partie

1 Les repas quotidiens

Les Français continuent à faire deux repas principaux par jour, malgré la journée continue, qui réduit l'interruption de midi.

Petit déjeuner: café au lait (dans lequel on trempe parfois des tartines de pain beurré), ou thé, ou chocolat (lait chocolaté), et tartines ou toasts. Un tiers des Français partent travailler le matin en ayant seulement bu une boisson chaude.

Déjeuner: normalement, il se compose d'un hors-d'oeuvre ou d'une entrée, d'un plat principal et d'une salade, d'un fromage ou d'un dessert et d'un café. On se contente quelquefois d'un simple sandwich ou d'un plat chaud unique.

Dîner: souvent une soupe pour commencer (le plus fréquemment en hiver, et dans les campagnes), et pour le reste, même composition que le déjeuner.

A ces repas s'ajoutent: Pour les enfants, le goûter de 4 heures: des tartines de pain beurré avec de la confiture, ou un morceau de pain avec du chocolat. Pour les paysans, et parfois d'autres travailleurs manuels, le casse-croûte du matin qui porte des noms variés selon les provinces, et qui se compose de pain, de fromage, de charcuterie.

Le petit déjeuner, le goûter et le dîner se prennent normalement à la maison; quant au déjeuner, pendant la semaine de travail, on le prend en général, soit au restaurant, soit à la cantine de l'entreprise. Le restaurant, comme le café, est un lieu de vie sociale, où l'on rencontre des amis pour le plaisir de partager un repas.

Beaucoup de travailleurs déjeunent dans la cantine d'entreprise. On ne s'attend pas à y manger correctement et il est de tradition de considérer avec méfiance ce qu'on y sert. Cela commence vis-à-vis de la cantine du lycée pour les demi-pensionnaires, continue avec le restaurant universitaire des étudiants, et se poursuit dans les cantines d'entreprises. Il est vrai qu'on y mange pour beaucoup moins cher qu'au restaurant, mais cela est dû en large partie au fait que l'Etat (pour les restaurants universitaires) ou les comités d'entreprises (pour leurs cantines) versent des subventions.

Civilisation Française Quotidienne par Paoletti et Steele (Hatier)

continu *continuous*	**le casse-croûte** *snack*
tremper *to soak, dip*	**la cantine** *canteen*
la tartine *piece of bread*	**la méfiance** *distrust*
le plat *dish*	**le demi-pensionnaire** *half-boarder*
ajouter *to add*	**la subvention** *subsidy*

2 Read the following article:

La voie royale des grandes écoles

Très sélectives, les grandes écoles mènent aux
carrières les plus prestigieuses.

Les grandes écoles sont toujours, incontestablement, la voie royale qui mène
aux emplois d'ingénieurs, de responsables d'entreprises, de cadres
administratifs supérieurs, même si un nombre croissant de formations
universitaires performantes a su gagner la confiance des milieux
professionels. Savant cocktail de sélection sévère des élèves, de programmes
de très haut niveau, d'adaptation constante des enseignements, d'ouverture
sur les entreprises, les grandes écoles peuvent préparer aux carrières
scientifiques, à celles du commerce et de la gestion, aux lettres et à
l'enseignement . . .

Dans chaque secteur elles s'observent et comparent leurs performances,
attachées à maintenir leur rang dans un palmarès d'excellence qui évolue
relativement peu au sommet, avec les incontournables Polytechnique et
Centrale, Supélec, Mines et Ponts, HEC, Essec, ESCP, etc. Les écoles
privées (nombreuses surtout dans le secteur commercial) demandent souvent
des frais de scolarité importants, mais les possibilités de bourses, de prêts
d'honneur, de prêts bancaires à taux préférentiel sont importantes.

Le parcours le plus fréquent, pour accéder à une grande école, est celui de la
classe préparatoire en deux ans (sciences et lettres) ou un an (prépas HEC,
mais les redoublements sont fréquents et il est question de porter leur durée à
deux ans également).

Pour les élèves qui, mal orientés ou ayant obtenu des notes insuffisantes en
terminale et au baccalauréat, ne peuvent accéder à une classe préparatoire,
tout espoir n'est pas perdu pour autant : les "admissions parallèles", qui se
développent de plus en plus, offrent aux plus doués en particulier en première
année, d'intégrer une grande école, sur concours, plus rarement sur titre,
après un Deug, un BTS ou un DUT.

Certaines écoles recrutent directement dès le baccalauréat, soit qu'elles
offrent un cycle préparatoire intégré, soit que le programme soit effectivement
réparti sur quatre ou cinq ans.

Une inscription en classe préparatoire se prépare longtemps à l'avance, les
dossiers doivent être déposés au lycée public fréquenté (ou au rectorat pour
les élèves du privé) avant le 31 mai. Il existe aussi des préparations privées,
aux règles d'inscription souvent moins rigides. Dans tous les cas, il est prudent
de mettre une deuxième corde à son arc en prenant, à tout hasard, une
inscription universitaire . . .

la formation *course of education*	**le parcours** *route*
savant *wise, crafty*	**pour autant** *for all that*
l'ouverture (f.) *access*	**doué** *gifted*
la gestion *management*	**sur titre** *according to qualifications*
le palmarès *prize list*	
incontournable *unavoidable*	**répartir** *to share out*
la bourse *grant*	**mettre une deuxième corde à son arc** *to have another string to one's bow*
le prêt d'honneur *government grant*	
le redoublement *resit*	

Explications

The school system works in reverse order to the British one. Thus:

la sixième	*first form*	la seconde	*fifth form*
la cinquième	*second form*	la première	*lower sixth*
la quatrième	*third form*	la terminale	*upper sixth*
la troisième	*fourth form*		

le baccalauréat/bac/bachot *school-leaving exam taken at 17 or 18.*
DEUG (Diplôme D'Etudes Universitaires Générales) *diploma taken after two years of university.*
HEC (l'Ecole des Hautes Etudes Comerciales) *top college for training senior managers of the future.*
(l'Ecole) Polytechnique *the most prestigious college, also known as X for short, because of the two-crossed cannon on its badge.*

Comment ça marche

1 Soit . . . soit, *either . . . or*

When explaining the eating habits of the French at lunchtime, the writer stated that people have lunch –

> . . . **soit** au restaurant, **soit** à la cantine . . . *either at the restaurant or at the canteen.*

Note also:

> **soit** l'un **soit** l'autre   *either* one *or the other*

2   Soit que ... soit que, ... *whether ... or*

In the article on page 152 we learn that some colleges take in students after the **baccalauréat** and offer two kinds of preparatory course:

> **soit qu'**elles offrent un cycle préparatoire intégré, **soit que** le programme soit effectivement réparti sur quatre ou cinq ans.
> *whether they offer an integrated preparatory year or the syllabus is in fact spread over four or five years.*

Similarly:

> **Soit qu'**il soit épuisé, **soit qu'**il en ait assez ... *Whether he's exhausted or has just had enough ...*

N.B. Use the subjunctive in both halves of this construction.

Exercices

Comprehension 1   Look at the first passage and answer these questions:

(*a*)   What does the typical French breakfast consist of?
(*b*)   Apart from a three-course meal, what might a Frenchman have for lunch?
(*c*)   Describe two extra meals which some sections of the population might have.
(*d*)   Why are canteen meals a lot cheaper than restaurant meals?
(*e*)   What is the general opinion of canteen meals?

Comprehension 2   Now turn to the second passage and answer these questions:

(*a*)   Name four reasons to explain the fact that **les grandes écoles** are so successful.
(*b*)   How can students at private commercial colleges pay their way through the course?
(*c*)   Why are the one-year preparation courses for **les grandes écoles** being lengthened to two years?

(*d*) What other route is open to those who do not do well enough at their **bac**?

(*e*) Why should a student always have a second string to his or her bow and what does the writer suggest?

5 On vous dit: Le métro est plus rapide que l'autobus.
Vous répondez: Oui, mais bien que le métro soit plus rapide que l'autobus, je préfère l'autobus.

(*a*) La campagne est plus tranquille que la ville.

(*b*) Le cinéma est moins cher que le théâtre.

(*c*) Le bourgogne est plus lourd que le bordeaux.

(*d*) Le jogging est plus sain que la lecture.

(*e*) Le train est plus sûr que l'avion.

6 What do these acronyms stand for?

(*a*)	ONU	(*f*)	HEC
(*b*)	PC	(*g*)	URSS
(*c*)	CEE	(*h*)	EDF
(*d*)	FMI	(*i*)	P-DG
(*e*)	CGT	(*j*)	HLM

15 Appointing an agent

Première partie

Alco has been trading successfully for 2 years in France. John Brown wants to expand into Belgium. He decides to appoint an agent who will draw his supplies from René Demarest.
M. André Bruck of the Société Ensat has been recommended by René Demarest. John Brown visits him in Brussels.

Dialogue

M. Bruck De quel genre de représentant avez-vous besoin pour la Belgique? Parce qu'il y a plusieurs possibilités, comme par exemple les distributeurs, les agents commerciaux, ou bien les représentants salariés . . .

John Brown En tout premier lieu, nous voudrions nommer un agent commercial qui serait chargé d'étendre notre marché dans ce pays. Monsieur Demarest m'a dit que vous connaissiez très bien le secteur des meubles de bureau.

M. Bruck C'est exact. Ma compagnie est dans le business depuis quarante ans; moi, j'y suis entré il y a vingt-cinq ans, maintenant. Nous employons 25 représentants salariés, qui ont pour fonction de visiter les principaux points de vente du pays. Et nous sommes heureux de constater que notre chiffre d'affaires a fortement augmenté ces dix dernières années.

John Brown Il semble que votre entreprise possède toutes les qualités requises. Seriez-vous disposé à devenir notre agent, en Belgique?

M. Bruck Oui, mais pourriez-vous m'expliquer quel genre de contrat vous envisagez?

John Brown Oui, bien sûr. Il s'agit d'un contrat d'agent commercial. Voulez-vous voir les clauses principales?

1) L'agent acceptera des commandes uniquement sous réserve d'acceptation par le commettant.

2) Le commettant n'a pas le droit d'établir une filiale dans le territoire.

3) L'agent n'a pas le droit de se charger d'autres agences susceptibles de concurrencer celle faisant l'objet du contrat.

4) L'agent se conformera à toutes les instructions du commettant.

5) Il lui sera alloué une commission de 5% du prix franco domicile des marchandises.

6) Le droit à la commission est acquis au paiement de la facture.

7) La commission sera réglée mensuellement.

8) La dureé du contrat est établie pour une période de 12 mois à l'essai, pour commencer.

M. Bruck   Mm . . . oui . . . , en principe, ça ne devrait pas poser de problèmes, quoiqu'une commission de 10% me semblerait plus, disons . . . attirante.

John Brown   Je comprends. Nous reconsidérerons cette question dans six mois.

M. Bruck   Très bien. Je signerai dès réception du contrat.

John Brown   C'est parfait. Je vous l'envoie aussitôt rentré en Angleterre.

en tout premier lieu *first of all*	**susceptible de** *capable of*
fortement *greatly*	**allouer** *to allocate*
requis *sought, required*	**acquérir** *to acquire*
être disposé à *to be willing to*	**mensuellement** *monthly*
le genre *type, kind*	**à l'essai** *on trial*
le commettant *principal*	**quoique** *although*
le droit *right*	**dès** *from*
la filiale *subsidiary*	**aussitôt** *immediately*
se charger de *to take on*	

Explications

Compared with France, Belgium is a small country, covering an area of 30,518 km², and with a population of under 10 million (9,859,000 on 1 January 1986). To this number must be added 800,000 foreigners, as many multi-national companies – and the Commission of the European Economic Community – have set up headquarters in Belgium.

French is spoken by a majority of the inhabitants of Brussels and by those Belgians who live in Wallonia (31.9 percent of the population) – **les Wallons**. Dutch is also spoken in Brussels, and by a majority of the Belgian population (nearly 58 percent) who live in Flanders – **les Flamands**.

With the decline in the importance of agriculture and the industrial recession of the 1970s, Belgium's future is as a service-based economy, mainly in the field of finance, the medical professions and public services. It is increasingly open to foreign trade. Seventy percent of its exports go to EC countries, mainly West Germany and France.

Comment ça marche

Depuis + *present/imperfect tense*

Monsieur Bruck tells John Brown:

> Ma compagnie **est** dans le business **depuis** quarante ans. *My company **has been** in business **for** forty years.*

When you want to say that something has been going on for a length of time and is still going on, use the present tense of the verb followed by **depuis** and the expression of time. Here are some more examples:

> Il **travaille** en France **depuis** septembre. *He **has been working** in France since September.*
> **Depuis quand êtes-vous** à Paris? *How long **have you been** in Paris?*
> **Depuis combien de temps êtes-vous représentant chez Alco?** *How long **have you been** a rep. with Alco?*

This construction can be used with the imperfect tense to give the meaning *had been doing:*

> Il **travaillait** en France **depuis** septembre. *He **had been working** in France **since** September.*

Exercices

1 It's your first meeting with a new client in France. He bombards you with questions:

(*a*) Depuis combien de temps apprenez-vous le français?
(*b*) Depuis quand habitez-vous dans votre maison?
(*c*) Depuis combien de temps travaillez-vous dans ce business?
(*d*) Depuis combien de temps suiviez-vous des cours de français à l'école?
(*e*) Depuis quand êtes-vous dans le business?

2 As part of your briefing of new European reps. you read out this list of useful phone numbers:

(*a*)	Roissy-Charles de Gaulle	– 862 22 80
(*b*)	Air France	– 535 61 00
(*c*)	Chambre de commerce Britannique	– 073 49 21
(*d*)	British Council	– 555 54 99
(*e*)	Direction générale des Douanes	– 260 35 90

3 Role play You are discussing the appointment of an agent with M. Ouallouche, whose name has been recommended to you.

M. Ouallouche	Vous avez besoin d'un distributeur, c'est bien ça?
Vous	*Say no, you would like to appoint an agent who would be given responsibility to increase your market in Morocco. Add that you have been told that he knows your market sector well.*
M. Ouallouche	Oui, c'est exact. Notre entreprise possède toutes les qualités requises.
Vous	*In that case, would he be prepared to become your agent in Morocco?*
M. Ouallouche	Oui, mais quel genre de contrat envisagez-vous?
Vous	*Tell him that it is a commercial agent's contract, in which commission of 5% would be paid. Add that you could discuss the main clauses after a short break for coffee.*

Deuxième partie

Appointing an agent

Dexxico Ltd.
42, Northwood Park,
MIDDLESBROUGH,
Co. Cleveland, MD5 8PG.

Lefèbvre et Cie.,
11, bd. des Augustins,
13984 Marseille.

Middlesbrough, le 24 juin 1988

Messieurs,

En considération du nombre croissant de demandes de renseignements au sujet de nos vêtements masculins, nous voudrions nommer un agent commercial qui serait chargé de représenter notre entreprise en France.

Votre société nous a été recommandée et nous avons le plaisir de vous proposer de devenir les agents dépositaires de nos articles. Il va sans dire que nous participerions aux frais de toute campagne de commercialisation.

Nous vous serions vivement reconnaissants de bien vouloir nous faire part de votre réaction à notre offre au plus tôt.

Nous vous prions d'agréer, Messieurs, l'expression de nos sentiments les meilleurs.

Directeur des Ventes à l'Etranger

Peter Mitchell

Peter Mitchell

---

en considération de *because of,* *due to*	**participer à** *to share in,* *participate in*
les demandes de renseignements **(f.pl.)** *enquiries*	**vivement** *deeply*
il va sans dire que . . . *naturally . . .*	**au plus tôt** *as soon as possible*

Explications

There are some useful expressions in this letter:

Nous avons le plaisir de vous proposer de . . . *We are pleased to propose . . .*

Nous vous serions vivement reconnaissants de bien vouloir . . . *We should be deeply grateful if you could . . .*

As we have said before, commercial written French is extremely formal and precise; the art of writing business letters is therefore not one that can be learnt overnight. As accuracy is vital when presenting your company's image, use an expert if you are at all unsure of your own skills.

Exercices

4 The following telex arrives at Peter Mitchell's office while he is away on business. His secretary asks you to translate it for her.

```
26. 6. 88   MPC     398622 LEFEBVREM F.

DEXXICO MIDDLESBROUGH     A L'ATTENTION DE MR MITCHELL

MERCI DE VOTRE LETTRE DU 24 JUIN. NOUS PROPOSONS UN RENDEZ-VOUS DANS
VOS BUREAUX LE 2 OU 3 JUILLET. MERCI POUR UNE REPONSE URGENTE SVP.

SALUTATIONS

DE LEFEBVREM     JEAN HENNARD

398622 LEFEBVREM F
831635 DEXXICOM G
```

5   Work out the nouns which relate to the following list of adjectives, as in the examples:

reconnaissant   la reconnaissance
rapide   la rapidité

(*a*)	nouveau	(*f*)	précis
(*b*)	difficile	(*g*)	intéressant
(*c*)	nécessaire	(*h*)	croissant
(*d*)	long	(*i*)	heureux
(*e*)	égal	(*j*)	réduit

6   Send back a telex thanking Lefebvre for their telex and fixing a meeting for 9.30 on July 2nd.

7   Translate this list of phrases into French:

(*a*)   That's enough.
(*b*)   That's right.
(*c*)   That's impossible.
(*d*)   That's very kind of you.
(*e*)   That's no problem.
(*f*)   That's to say . . .
(*g*)   What's that?
(*h*)   Is that Monsieur Balard's phone?
(*i*)   Who's that?
(*j*)   What do you mean by that?

8   You are giving your details to a potential client's secretary. As she speaks no English, after each one she says 'Comment s'écrit . . .?':

(*a*)   Votre nom.
(*b*)   Votre adresse.
(*c*)   L'adresse de votre compagnie.
(*d*)   Le nom de votre P-DG.
(*e*)   Le nom de votre secrétaire.

16   Setting up a factory

Première partie

After five years of successful business in France and Belgium, John Brown decides to expand his production and set up a factory in France. He visits a lawyer, Monsieur de Sainte Croix, to discuss the key points of his plans.

Dialogue

John Brown   J'aimerais que vous me donniez conseil sur ce projet qui n'est encore qu'à l'état d'idée et que j'aimerais concrétiser.

M. de Sainte Croix   Je vois. Tout d'abord, il est des plus importants que vous compreniez et que vous vous conformiez aux conditions juridiques requises pour ce genre d'affaire. Je suis expert en droit commercial et je serais heureux de vous représenter.

John Brown   Je vous remercie. La position du terrain doit répondre à certaines exigences: l'usine doit être située à proximité des grands axes routiers, ferroviaires et aériens; quant à la superficie, l'usine couvrira initialement 3 500 mètres carrés, mais j'aimerais avoir suffisamment de marge pour pouvoir la développer ultérieurement.

M. de Sainte Croix   J'ai entendu parler ces temps-ci d'un certain nombre de terrains qui ont été mis en vente et qui, je pense, correspondraient à ce que vous recherchez.

John Brown   Je vais aussi avoir besoin d'un architecte. J'ai déjà fait dresser quelques plans, mais rien de définitif, et il faut régler encore bien des détails avant de commencer à construire.

M. de Sainte Croix   Je peux vous conseiller Monsieur Licari, qui est un architecte renommé qui a fait ses preuves.

John Brown   Et pensez-vous que, par lui, je pourrais prendre contact avec les meilleurs entrepreneurs en bâtiment?

M. de Sainte Croix Certainement. Il vous aidera à parfaire vos plans et il fera tout pour vous obtenir le permis de construire. Puis, il mettra la construction en adjudication et contactera plusieurs entrepreneurs, afin d'obtenir la meilleure offre. Est-ce que vous allez acheter un nouvel équipement pour votre usine?

John Brown En partie seulement, parce que j'ai l'intention de faire venir le reste de l'installation, d'Angleterre. Mais, en ce qui concerne l'embauche, j'aurai besoin d'une centaine d'employés, pour commencer, même sans expérience, car nous avons pour habitude de former nous-mêmes notre personnel.

M. de Sainte Croix Monsieur Le Guyader, directeur du Service de la Main d'Oeuvre des Yvelines, est un de mes amis, et il vous expliquera les procédures à suivre pour trouver la main d'oeuvre requise.

John Brown Merci, Maître. Votre aide m'a été très précieuse, mais nous avons beaucoup à faire car l'usine doit tourner à plein rendement dans les douze mois qui viennent. Il n'y a donc pas de temps à perdre.

M. de Sainte Croix Nous allons certainement avoir du pain sur la planche, comme on dit familièrement, mais je pense que vous arriverez à réaliser votre projet dans les temps.

---

le conseil *advice*
concrétiser *to give concrete expression to*
se conformer à *to conform to*
l'axe routier (m.) *trunk road*
la superficie *area*
suffisamment de *enough*
la marge *margin, scope*
ces temps-ci *recently*
mettre en vente *to put up for sale*
dresser *to draw up*
régler *to sort out*
bien des *many*
renommé *well-known*

faire ses preuves *to prove oneself*
le bâtiment *building trade*
parfaire *to perfect*
mettre en adjudication *to invite tenders*
l'embauche (f.) *hiring*
former *to train*
la main d'oeuvre *work force*
à plein rendement *at full production*
avoir du pain sur la planche *to have a lot on one's plate*
y arriver *to get there*

Explications

Notice the formal term of address **Maître** used for lawyers and professors.

The legal system is complex in France and there is no direct equivalent to our solicitor or barrister. The **notaire** deals with business transactions, mortgages and so on; if you are thinking of setting up an office or factory in France the place to go for any information, including legal advice, is the Chambre de Commerce of the town in question. (See Chapter 22.)

Comment ça marche

1 *Expressions of time*: **pour, pendant, dans, en**

Expressions of time can be tricky. The following examples will help.

(a) *for*

Pendant is used when a period of time has been completed whereas **pour** is used when future or ongoing time is meant.

Nous sommes ici **pour** deux jours. *We're here for two days.*
Ils ont parlé affaires **pendant** une heure. *They talked business for an hour.*

(b) *in*

Dans is used to translate *in* when future time is meant:

Dans les douze mois qui viennent . . . *In the next twelve months . . .*
Il part **dans** trois jours. *He's leaving in three days.*

En is used to express the idea of time in which something is done:

Il le fera **en** deux heures. *He'll do it in an hour.*
Je l'ai fait **en** cinq minutes. *I did it in five minutes.*

2 *The passive voice*

There are several ways of expressing what is done to someone or something.

(*a*)   The reflexive verb:

> Je m'appelle . . . *I am called* . . .
> Le cidre se boit très frais. *Cider is drunk very cold.*
> Ça se voit. *That's obvious.*
> Ça ne se fait pas. *It's not done.*

(*b*)   By using **on**:

> On l'a vu hier. *He was seen yesterday.*
> On dit que . . . *It is said that* . . .
> On croit que . . . *It is thought that* . . .
> On sait que . . . *It is known that* . . .

(*c*)   By using the required tense of **être** + the past participle (the passive):

> Les brochures **seront expédiées** demain. *The brochures **will be sent** off tomorrow.*
> Un homme **a été tué** hier à Rennes. *A man **was killed** yesterday in Rennes.*

Note that the past participle agrees with the object of the sentence.

French uses the passive voice far less often than English. It is most often seen in formal written texts or in newspaper articles (as in the second example above). Whenever you are tempted to use it, try using a reflexive or **on** instead: your French will sound far more natural.

Exercices

1   Remplissez les blancs:

(*a*)   Le client reviendra . . . une heure.
(*b*)   Vous pouvez y arriver . . . quinze minutes.
(*c*)   Nous sommes ici . . . quinze jours.
(*d*)   Nous avons parlé . . . une demi-heure.
(*e*)   Ils ont attendu . . . des mois.

2   Traduisez en anglais:

(*a*)   Trois hommes ont été arrêtés ce matin à Chateauroux.
(*b*)   Le Chablis se boit très frais.
(*c*)   On sait que les Anglais mangent pour vivre.

(*d*) On lui a demandé son passeport.

(*e*) Vous vous trompez, monsieur.

3 Role play You want to open a factory near Boulogne and go to see a lawyer, Monsieur Neau, to discuss your plans.

Vous   *Tell the lawyer that you would like the project to materialise as soon as possible.*

M. Neau   Tout à fait. Mais il faut que vous vous conformiez aux conditions requises pour ce genre d'affaires, et je serais très heureux de vous représenter.

Vous   *Thank him and explain that the factory must be situated close to road, rail and air links, and that the area of the building will initially cover 4,000 square metres.*

M. Neau   Je sais qu'il y a plusieurs terrains qui correspondraient à ce que vous recherchez. Est-ce qu'il vous faut un architecte?

Vous   *Say, yes, although you have already had some plans drawn up, there are still many details to settle.*

M. Neau   Monsieur Rolland est un architecte renommé qui vous aidera à parfaire vos plans. A propos, avez-vous l'intention d'acheter un nouvel équipement pour votre usine?

Vous   *Say yes, but the majority of the fittings will be brought over from England. As for personnel, you will need about fifty employees, whom you will train yourself. Add that there is a lot to do, as the factory must be working at full capacity within a year.*

4 Complete these mini-dialogues using a past participle after **être** in the passive voice:

Je prendrai votre inscription.
Et mes billets?
Ils seront pris aussi.

(*a*) Nous transmettrons votre numéro.
     Et ma réservation?
(*b*) Je ferai votre lettre.
     Et mon travail?
(*c*) J'annulerai votre réservation.
     Et mon abonnement?

(*d*) Nous ouvrirons la fenêtre.
    Et la porte?

(*e*) Nous concrétiserons votre projet.
    Et mes idées?

Deuxième partie

□ **A vendre, terrain 23 000 m²** cloturé, avec bâtiment 2 700 m² et bureaux 500 m², accès SNCF quai de déchargement. Situé à Narbonne à 500 m de l'autoroute A9 échangeur Narbonne sud, complexe routier croix sud.
R. Didier

Tél.: 26.12.34.56

Terrains 5 000 et 10 000 m², industriels ou commerciaux.

Emplacement except.

Prox. hypermarché.

Viabilité complète.

S'adresser à Locatel S.A.

350, bd. Albert, 35100

Tél. 99 06 84 76

(*Entreprendre*, Octobre 1988)

Directeur export

Filiale d'un groupe international, cette importante entreprise de l'Est de la France (1.000 personnes) est rapidement devenue, par sa politique d'innovation et de qualité, le leader de son marché (systèmes mécaniques pour le bâtiment). Pour réaliser près de la moitié de son chiffre d'affaires dans les principaux pays du monde entier, elle s'appuie sur un service export très efficace dont elle recherche le directeur. Véritable meneur d'hommes, sa mission sera d'organiser l'activité de son équipe de chefs de zones et d'assistants afin d'atteindre les objectifs ambitieux que se donne l'entreprise sur les marchés internationaux. Professionnel confirmé de l'export, il saura animer son réseau et accentuer l'essor commercial et marketing de la société. Ce poste clé, directement rattaché au directeur général, ne peut convenir qu'à un manager aguerri dont la maîtrise des produits sera plus rapide s'il dispose d'une formation technique de base. La pratique de l'allemand et de l'anglais est indispensable, celle de l'espagnol un atout complémentaire. La localisation du poste se situe en proche région Nord-Ouest de Strasbourg. Ecrire à E. Texel en précisant la référence A/1234E.

(*Le Forum des Cadres Export – L'Exportation*, Novembre 1988)

clôturé *enclosed*	**un poste clé** *a key post*
le déchargement *unloading*	**aguerri** *seasoned*
l'échangeur *interchange*	**la maîtrise** *mastery, command*
s'appuyer *to rely on*	**de base** *basic*
l'essor (m.) *expansion*	**l'atout** (m.) *trump, asset*

Explications

1 Notice the use of the infinitive as a command:

Ecrire à . . .
S'adresser à . . .

You will come across this form in a certain kind of advertisement, such as those for jobs, accommodation, and services.

2 Renting business accommodation The major newspapers and business journals advertise commercial premises, both for rental and for purchase. The local Chambre de Commerce will give advice on how to find suitable office or manufacturing accommodation and a **notaire** will look after any transaction.

3 Advertising for staff In order to recruit managers, engineers and other technical staff, adverts should be placed in national newspapers such as Le Monde, Figaro, and France-Soir, in high-circulation regional papers such as France-Ouest or Nord-Matin, or in magazines, for example, l'Entreprise and le Point.

Experienced and well-qualified engineers could also be recruited through the Associations d'Anciens Elèves des Grandes Ecoles. Members of the engineering profession generally have greater prestige and are better paid than their British counterparts.

The salary and standard of living of the managerial and professional classes is something like 10% higher than in Britain.

By the way, the word **ingénieur** does not always have the same meaning as the English *engineer*. A Frenchman or woman with engineering qualifications may never have had 'hands-on' training or experience; what he or she will have, however, is a very high level of mathematical and technical education.

Head-hunters or **chasseurs de tête** exist in France: the place to find them is a **cabinet de recrutement**.

Secretarial and other skilled staff can be sought either through advertising in the national or regional press, or through employment agencies.

Exercices

5 Give a summary in English of the job description on page 168.

6 Fill in the blanks:

La société HPF de Bonneville en Haute-Savoie fabrique .... postes de téléphone et d'autres matériels pour .... télécommun-ications. Avec un chiffre .... de 450 millions de francs et un effectif de 700 ...., elle est la plus petite des trois principales .... qui fournissent des postes aux PTT français.

'Nous .... d'aborder le marché britannique par le biais de notre société affiliée en Angleterre,' explique Jean-Pierre Cronier, directeur export de HPF. 'A .... de la déréglementation du secteur des télécommunications effectuée par le .... conserva-teur, les prix .... très bas.'

'La France est un des rares .... industrialisés qui ait su .... sa part du gâteau anglais .... l'année en cours,' constate Philippe Arroyou du PEE, près l'ambassade de Londres. 'Mais il nous reste des efforts .... faire, notamment pour les produits de consommation, où .... n'arrivons qu'au score risible de 6,5% du ....

(*L'Exportation: le Mensuel du Commerce International*, No. 46, Novembre 1988)

7 Say in French:

(*a*) 15%	(*f*) 14h25
(*b*) 350FF	(*g*) 20h30
(*c*) 183 à 222FF	(*h*) 52.09.84.93
(*d*) 2,5	(*i*) 21.68.75.03
(*e*) 3 nuits à 250FF, cela fait 750FF.	(*j*) 1995

8 The monthly magazine *L'Exportation* (Nov 1988) featured the following table about selling in the UK:

Parts de marché de la France (en pourcentage)			
	1987	1986	Variation 1987/1986
Produits alimentaires	8,6	8,5	+ 0,1
Boissons et tabacs	35,6	34,5	+ 1,1
Matières premières	3,4	3,4	—
Combustibles minéraux	5,7	2,6	+ 3,1
Graisses et huiles	3,5	4,2	− 0,7
Produits chimiques	14,5	16,6	− 2,1
Demi-produits	8,3	8,1	+ 0,2
Biens d'équipement	7,8	7,7	+ 0,1
Matériel de transport	12,7	11,3	+ 1,4
Biens de consommation	6,6	6,3	+ 0,3
Autres	3,3	4,2	− 0,9

UCCIFE, 1988

(a) Which market share has increased by 0.3%?
(b) Which market share has remained constant?
(c) What French products have over a third of the UK market?
(d) In what field has there been the biggest decline?
(e) Find the words meaning 'foodstuffs'.

Part Two   Background Section

17   La géographie économique

Première partie

L'équilibre entre les différents secteurs de la vie économique française s'est profondément modifié au cours des vingt dernières années. La France n'est plus un pays avant tout agricole et rurale. Mais pour des raisons à la fois historiques, électorales et économiques (l'espace agricole est un des rares atouts naturels de la France), le monde paysan pèse dans la vie française d'un poids supérieur au pourcentage (8%) des actifs qu'il représente. Moins prépondérante qu'en Allemagne, l'industrie a vu sa part de l'emploi total diminuer au cours des dernières années, au terme d'adaptations successives (sidérurgie, textile, chantiers navals, etc.) qui n'ont pas signifié un déclin de l'industrie mais qui ont été très coûteuses en emplois. L'économie française est désormais pour plus de 50% une économie de services, suivant en cela les traces des Etats Unis, du Royaume Uni et du Benelux.

La France est encore un pays de PME (petites et moyennes entreprises). C'est vrai de son industrie malgré la constitution de grands groupes au cours des quinze dernières années. C'est vrai de son agriculture où prédomine l'exploitation familiale de taille moyenne. C'est vrai enfin de son appareil commercial aux structures très émiettées, où les grandes chaînes succursalistes n'occupent qu'une place encore modeste. Cette résistance du petit entrepreneur et du capitalisme familial face aux grands groupes distingue la France des autres pays de l'Europe du Nord-Ouest, où le grand capitalisme national ou international tient une place plus importante.

La France est un pays d'une variété extrême dans les aptitudes naturelles, les caractéristiques culturelles et économiques de ses régions. Cette variété se traduit dans la répartition régionale des activités: la part de l'agriculture, celle des industries, celle du secteur tertiaire ne sont pas les mêmes selon les régions: la France est beaucoup plus industrielle au nord-est d'une ligne allant du Havre jusqu'à Marseille, par contraste la France de l'Ouest et du Sud-Ouest est plus agricole et rurale. Toutefois, il y a désormais quelque abus à qualifier de 'rurale' la France de l'Ouest et du Sud-Ouest. Rurale, cette partie du pays l'est en effet au sens où l'industrie n'y marque pas les paysages, les villes, les mentalités comme à Lyon ou en Lorraine. Mais l'industrie y est tout de même présente. Il serait plus exact de dire qu'il s'agit des régions les moins industrialisées d'un pays industriel.

A l'issue de la seconde guerre mondiale, l'opinion publique française avait été frappée par le mouvement de concentration des activités dans la capitale, en même temps qu'en province dépérissaient des régions entières: 'Paris et le désert français', avait-on écrit. Dès 1950 une politique d'aménagement du territoire est mise en place, visant à répartir géographiquement les créations d'emplois et les grands équipements. Mais Paris est dans tous les domaines une capitale incontestée, que ce soit au niveau de la gestion de l'Etat, de la gestion économique, des universités, de l'industrie ou autre.

Comprehension

1 In what way has the economic balance changed in France in the last twenty years?
2 Which sector is now the largest?
3 What are PME?
4 What distinguishes France from other north-west European countries?
5 In what sense can the southern and south-western parts of the country be called 'rural'?

Deuxième partie

Un jeune étudiant en sciences-économiques, de nationalité britannique, doit faire une thèse sur la situation économique actuelle et future des différentes régions françaises.

Il s'informe auprès d'un professeur d'économie à l'université d'Aix-en-Provence.

Etudiant   Pouvez-vous me donner un aperçu des structures économiques régionales de la France?

Professeur   En fait, le profil que l'on peut dégager, c'est celui d'une
France où des régions, telles que l'Ile-de-France ou Provence-Côte
d'Azur, se caractérisent par la prédominance des activités de service,
ou secteur tertiaire, alors que les activités industrielles, alias le secteur
secondaire, restent concentrées dans la Franche-Comté, le Nord-Pas-
de-Calais et l'Alsace-Lorraine, et que le secteur primaire, c'est-à-dire,
les activités agricoles, prédominent dans l'Ouest, plus précisément, la
Bretagne, la Basse Normandie, les Pays de la Loire, le Poitou-
Charente, le Limousin et le Midi-Pyrénées, ainsi que la côte est de la
Corse.

Etudiant   Apparemment donc, la France conserve encore une vaste
surface agricole utile.

Professeur   Oui, mais attention, j'ai effectivement dit que le secteur
primaire prédominait à l'Ouest, mais cela ne signifie pas que c'est
l'unique secteur d'activité de cette partie de la France. Il y a même
certains départements où les trois grands secteurs sont relativement
équilibrés, comme la Mayenne, dont les pourcentages des secteurs
primaire, secondaire et tertiaire sont respectivement de 33,4%, 31,8%
et 34,8%, ou la Haute-Loire avec ses 26,9%, 35,7% et 37,4%. Le
nombre des exploitants agricoles décroît rapidement, en liaison avec
l'évolution économique générale: au recensement de 1975, la
population active de ce secteur n'était plus que de 2 millions de
personnes, soit à peu près 9% des actifs; alors que cette proportion
était de 50% à la fin du 19ème siècle et encore de 25% en 1954.

Etudiant   Donnez-moi une région type qui actuellement est en pleine
crise.

Professeur   Le Nord souffre, à l'heure actuelle, du marasme des
branches qui ont fait sa prospérité: le textile et la houille, sans parler
de la sidérurgie. Au total, ces trois principales activités héritées du
19ème siècle ont perdu en vingt ans la moitié de leurs effectifs; pour
vous donner quelques chiffres, en 1982 le chômage touchait déjà dans
cette région 12% de la population active. La situation est donc
difficile, malgré des tentatives de reconversion.

Etudiant   La France a énormément développé son secteur tertiaire,
je crois.

Professeur   Oui, c'est exact. Toutes les régions sont concernées par
cette expansion, mais tout particulièrement le Bassin Parisien, la

région Rhône-Alpes et l'Aquitaine. Toutefois, la région parisienne reste majoritaire pour les emplois les plus qualifiés et les mieux rémunérés.

Compréhension

1   Qu'est-ce que c'est que le secteur primaire?
2   Où est-ce que les activités industrielles restent concentrées?
3   Combien d'employés travaillent au secteur primaire?
4   Le professeur constate que le Nord souffre actuellement: pourquoi?
5   Dans quelle région est-ce qu'on trouve la plupart des emplois bien rémunérés?

18 La structure de la vie quotidienne: le weekend, les vacances

Première partie

Il est difficile de généraliser la vie quotidienne de toute une population, car en France, comme à l'étranger, il n'existe pas de schéma type d'un citoyen: il y a 55,5 millions de Français et autant d'individus; en effet, différents paramètres influent sur le comportement d'une personne: sa profession, son standing, son cadre de vie, sans parler de ses goûts propres, etc.... Cependant, il y a des habitudes horaires qui règlent la vie de la plupart des Français.

On peut suivre, par exemple, pendant une journée, les activités d'une famille de la région parisienne, habitant Bourg-la-Reine: Monsieur Philippe Vaillant est expert-comptable dans une entreprise d'électroménager du 14è arrondissement, sa femme Marie-Hélène travaille à mi-temps dans une agence de voyages et ils ont trois enfants, Pierrick 11 ans, Laetitia 8 ans et Nadège 3 ans.

6h45: Le réveil sonne . . . (Sauf le mercredi, pour les enfants: jour sans école). C'est souvent le père qui est debout le premier: il peut disposer ainsi tranquillement de la salle de bains pour se raser. Le reste de la famille défilera ensuite successivement après lui. Pendant ce temps-là il aura préparé le petit déjeuner si sa femme ne l'a pas déjà fait: café pour les parents, chocolat pour les enfants, accompagnés de quelques tartines de pain beurré et éventuellement de la confiture.

7h45: Le signal du départ . . . Monsieur descend prendre le métro situé non loin de là; Madame quittera la maison quelques minutes plus tard, avec la voiture, et déposera au passage Pierrick, qui commence ses cours à 8h au lycée, puis avant 8h30, Laetitia et Nadège qui vont respectivement à l'école primaire et à la maternelle et dont les bâtiments sont, heureusement, juxtaposés. Madame Vaillant aura ensuite juste le temps d'arriver à l'heure à son travail.

12h: Fin des cours. Pour plus de facilités, les deux aînés mangent à la cantine. Marie-Hélène passe récupérer la benjamine de la famille et rentre manger à la maison; après avoir raccompagné Nadège à la maternelle, elle s'occupera du ménage et des courses. La matinée de Philippe se termine à 12h30 mais il applique le système de *la journée continue*, qui est de plus en plus fréquemment suivi en ville, en restant manger au restaurant de l'entreprise.

16h/17h: Les enfants aiment en général avoir un goûter, en sortant de l'école: pain, confiture ou chocolat, par exemple.

18h/19h: Philippe Vaillant rentre du travail. Les enfants font leur devoir ou s'amusent. Madame vaque à ses occupations. La famille Vaillant dîne vers 20h, quand ce n'est pas 20h30, après le journal télévisé; avec en général au menu: une entrée, suivie d'un plat de viande ou de poisson accompagné de légumes, riz, pâtes ou purée (c'est suivant), puis parfois une salade verte ou du fromage, et un dessert (fruits, yaourts, etc. . . .).

Le vendredi soir, Philippe et Marie-Hélène sont plus détendus: le weekend commence, tout au moins pour eux; ils auront toute la matinée du samedi de libre car les enfants ont école jusqu'a 11h30/12h. L'après-midi sera consacrée soit aux sports, soit aux leçons de musique, soit au shopping, soit au bricolage, etc. . . . Le samedi soir, les Vaillant aiment sortir tous les deux ou avec des amis: ils vont au cinéma, ou voir des spectacles, se rendent à des soirées, tandis qu'une baby-sitter garde les enfants. Le dimanche est le jour de la grasse matinée, pour toute la famille. Après la messe, à onze heures, Philippe s'occupe des enfants, pendant que Marie-Hélène prépare le repas, qui est toujours un peu spécial ce jour-là, car souvent les grands-parents viennent leur rendre visite. L'après-midi, on se reçoit entre amis de longue date, ou la famille part se promener à la campagne. Le soir, le repas est très simple (repas froid ou restes). Les enfants vont se coucher tôt, et les parents finiront la soirée devant le film du dimanche, à la télé.

Compréhension

1   Quels paramètres peuvent influer sur le comportement d'une personne, selon l'auteur?

2   Est-ce que Madame Vaillant travaille à plein temps?
3   Pourquoi est-ce que les enfants ne se lèvent pas à 6h45 le mercredi?
4   Que doit faire Madame Vaillant avant d'arriver à son travail?
5   Où est-ce que Philippe Vaillant mange le plus souvent à midi?
6   A quelle heure mangent-ils le soir?
7   Que fait la famille Vaillant le samedi matin?
8   Est-ce qu'ils se lèvent tôt le dimanche matin?
9   Où vont-ils à onze heures?
10   Qui est-ce qui mange chez les Vaillant le dimanche?

Deuxième partie

Deux amis, Jean-François et Hubert, hommes d'affaires aixois, prennent un pot ensemble au Grillon, sur le Cours Mirabeau.

Jean-François   Qu'est-ce que tu fais à Noël, toi?

Hubert   Eh bien, étant donné qu'à la Toussaint, Camille et moi, nous nous sommes accordé royalement une seconde lune de miel, à Venise, nous avons décidé de passer Noël en famille ici, puis d'envoyer les enfants faire du ski à Merlette. On fêtera le Premier de l'An chez des amis. Et toi, tu as prévu quelque chose?

Jean-François   Oh, moi, ce sera comme d'habitude: quinze jours de ski à Courchevel avec ma femme et les gosses. On se retrouve chaque année à toute une bande; les enfants s'entendent bien entre eux, ils sont toute la journée sur les pistes, on a la paix . . .

Hubert   Et tu bouges à Pâques?

Jean-François   Non, on part trois jours à Bandol, chez mes beaux-parents pour le lundi de Pâques, mais c'est tout. Moi, je ne prends pas de congé, je me les réserve pour les grandes vacances.

Hubert   Moi aussi, c'est ce que je fais d'habitude. En général, à Pâques, on envoie les enfants quinze jours en Angleterre ou en Allemagne. Par contre, cet été, on part tous ensemble en Turquie.

Jean-François   Nous, on a projeté de s'offrir les Seychelles cette année: ça va nous coûter la peau du dos, mais j'en ai toujours rêvé et puis le Club Med, c'est la solution idéale pour Virginie, elle aura de vraies vacances. Et les enfants sont fous de joie à l'idée de faire de la pêche sous-marine!

Explication

The Vaillant family and the two businessmen above are typical of the French social type labelled **BCBG (bon chic bon genre)**, which is the equivalent of the English Sloane Ranger.

Other dates to remember

Mardi Gras *Shrove Tuesday*
Le Premier Mai *May Day, when workers parade in the streets*
Le Quatorze Juillet: **la Fête Nationale**
Le Réveillon *24/25 December: families get together on Christmas Eve and many people attend* **la Messe de Minuit**.

N.B. Avoid travelling on the last day of June, July 14th, and at the beginning and end of July and August – everyone else will be on the move too!

Comprehension

1 What part of France do Jean-François and Hubert come from?
2 Why is Hubert spending Christmas at home this year?
3 What are Jean-François' plans for Christmas?
4 Why do neither of them take a long break at Easter?
5 What are the pros and cons of Jean-François' Seychelles holiday?

19 La population active:
La situation des femmes au foyer et dans les affaires

Première partie

Un héritage et un choix

Qu'est-ce qui pousse une femme, lorsqu'elle est mariée et lorsqu'elle a des enfants, à prendre, à garder ou à abandonner une activité professionnelle? La question n'a pas encore trouvé de réponse satisfaisante, bien que le développement du travail salarié ait été un des phénomènes majeurs de l'évolution sociale de la France au cours des vingt dernières années. Or, l'immense majorité des Françaises de moins de soixante ans (85%) ont travaillé à un moment ou à un autre de leur vie, mais 56% seulement travaillaient encore en 1986. Plusieurs articles publiés récemment par l'INSEE lèvent le voile sur les raisons et les modalités des choix.

Elément majeur, selon toutes les enquêtes: le diplôme obtenu. Plus il est élevé, plus les femmes exercent, et durablement, une activité professionnelle: «Les trois quarts des femmes mariées possédant un diplôme supérieur au baccalauréat exerçaient une activité professionnelle contre un tiers seulement des sans-diplôme.» Ce niveau de diplôme joue quel que soit l'âge de la femme, celui où elle a terminé ses études, sa catégorie socio-professionnelle et celle de sa famille ... Il semble même déterminer les différences entre générations: autrement dit, ce qui a changé d'une génération à l'autre, c'est que l'on a considéré comme normal, voire nécessaire, que les filles poursuivent des études. Et comme les filles réussissent mieux que les garçons à partir d'un certain niveau, les enquêtes sur la scolarité l'ont montré ...

Interviennent ensuite, bien entendu, les ressources du ménage et la situation du mari autant que sa catégorie socio-professionnelle. Ainsi, à diplôme équivalent, le taux d'activité des femmes de cadres est inférieur de six points à celui des femmes d'ouvriers. Quant aux ouvrières, si elles travaillent plus souvent, elles s'arrêtent aussi plus fréquemment ... L'enquête du Centre d'études des revenus et des coûts (CERC) avait déjà montré que le revenu de l'épouse avait plusieurs fonctions, selon les cas: permettre de 'boucler le budget' pour les familles les plus modestes, assurer une promotion sociale pour les catégories intermédiaires, enfin, pour les plus favorisés, réaliser un autre mode de vie et garantir l'avenir.

De même, les femmes dont le mari a 'réussi' – plus nombreuses à avoir exercé une profession – l'ont plus fréquemment abandonnée. Ce travail a-t-il été le moyen de faire un meilleur mariage, ou celui-ci les a-t-il portées à se désintéresser de leur carrière?

Evidemment, le nombre d'enfants constitue aussi un obstacle important à la prolongation dc l'activité professionnelle: 38% des mères de trois enfants exerçaient toujours un métier en 1986, contre 74% avec un enfant et 65% avec deux. Mais, selon la même étude, la décision de cesser le travail a été prise bien avant la naissance du troisième enfant: dans 44% des cas dès l'arrivée du premier, et dans 8% seulement lors de la venue du troisième. Le désir d'avoir beaucoup d'enfants et la situation de la famille déterminent le choix d'une 'stratégie' professionnelle et d'une organisation de l'existence. Ce constat devrait faire réfléchir les partisans de prestations familiales 'incitatives' à la venue d'un troisième enfant.

Le Monde, août 1988

Comprehension

1 What according to the article has been one of the most important factors in France's social evolution in the last twenty years?

3 What proportion of women without higher education go to work?

3 What other factor plays a part in determining whether a married woman goes to work?

4 The writer gives two possible explanations for the fact that professional women with successful husbands often give up their work. Explain them both.

5 Give the gist of thc final paragraph.

Deuxième partie

Sabine Desroches a brillamment réussi sa vie professionnelle. Elle est directrice des ventes dans une société d'informatique à Toulouse. Elle a accordé une interview à un journaliste d'une radio locale, qui fait un reportage sur le dynamisme maintenant répandu des femmes des années 80, qui 'assurent' à la fois, dans leur vie professionnelle et dans leur vie privée.

Journaliste   Quelles études avez-vous suivies?

Sabine Desroches   Après avoir obtenu mon Bac C avec mention très bien, je suis montée à Paris faire HEC. J'ai eu mon diplôme en 1975 et comme la société où je travaille actuellement, m'offrait non seulement un poste intéressant mais en plus prometteur, je n'ai pas hésité. Et aujourd'hui encore, je me félicite d'avoir pris cette décision.

Journaliste   Même au regard de votre vie privée?

Sabine Desroches   Je m'attendais à une question de ce genre-là . . . Mon mari est informaticien et travaille également dans cette société, et voyez-vous, si j'ai accepté de l'épouser, ce n'est pas par hasard: il fait partie de ces hommes qui trouvent normal qu'une femme poursuive une carrière – même prenante – après ses études et il participe tout naturellement aux tâches ménagères et à l'éducation des enfants (nous en avons deux). Nous nous soutenons mutuellement, et grâce à cela, j'ai réussi à concilier ma vie d'épouse et de mère, et de femme d'affaires.

Journaliste   Effectivement, vous êtes très cotée dans votre profession, on vous considère comme une battante qui réussit pratiquement tout ce qu'elle entreprend; vous avez eu une carrière fulgurante, on vous a donné des responsabilités très jeune et vous servez d'émulation à bien des jeunes filles qui rentrent sur le marché du travail. Alors, 'tout est pour le mieux dans le meilleur des mondes'?

Sabine Desroches   Je n'irais pas jusque-là, tout de même . . . je ne vous apprends rien en vous disant que les mentalités évoluent moins vite que les changements opérés dans nos sociétés modernes; et malheureusement certains hommes continuent à se méfier de nous, de nos compétences ou, lorsque vous traitez avec eux, ont la fâcheuse tendance de regarder en vous la femme et non le directeur des ventes. Mais c'est à vous, alors, de leur démontrer, de leur faire admettre que vous êtes tout aussi capable qu'eux, de sérieux et de savoir-faire, ou au besoin, de leur prouver que l'importance que vous accordez à votre famille n'entrave pas votre disponibilité, face aux exigences de la profession et ...

Journaliste Je me permets de vous interrompre: sur ce point, au moins, force pour vous est de reconnaître que cela ne va pas sans quelques sacrifices ...

Sabine Desroches Oh mais je ne le cache pas! D'ailleurs ce serait me mentir à moi-même que de soutenir le contraire: il est certain qu'à la différence de femmes au foyer, je ne peux pas me permettre de consacrer autant de temps que je le souhaiterais à mes enfants ou à mon mari. Je dois faire preuve de beaucoup d'organisation et veiller sans cesse à ce qu'un 'territoire' n'empiète pas trop sur l'autre. Heureusement, je suis aidée dans ce travail par l'évolution de la société, qui est de mieux en mieux adaptée aux besoins des femmes qui travaillent.

Journaliste La femme des années 80, c'est donc la femme de tous les succès, tant sur le plan professionnel que sur le plan familial?

Sabine Desroches Disons qu'elle dispose de plus de chances de réussite qu'auparavant et surtout de la possibilité de choisir d'être femme d'intérieur si elle le désire – et je rassure les inquiets, il y en a encore, ce n'est pas une espèce en voie de disparition—mais il est vrai que certaines le sont parce qu'elles ne peuvent faire autrement! D'autres travaillent pour des raisons plus terre-à-terre ou alors, comme dans mon cas, pour satisfaire des ambitions personnelles ... mais de toute façon, je ne conçois pas mon existence sans exercer une profession: je ne peux m'épanouir qu'à cette condition. Je ne pense pas que ma famille en souffre outre mesure; de plus en plus de femmes ont un métier, et leur entourage assume complètement cette situation. J'ai confiance pour l'avenir de ma fille, les choses ne peuvent aller qu'en s'améliorant.

Journaliste Il y a quand même des échecs. Il n'est pas rare de voir une femme mariée cesser de travailler, après avoir eu un enfant, même si elle aimait son métier et même si elle y excellait. Y a-t-il une clé de réussite?

Sabine Desroches Non, pas de recette miracle, à ma connaissance: si une femme a décidé de mener de front sa vie professionnelle et sa vie familiale, et de les réussir toutes les deux, elle ne peut se passer du soutien actif de son conjoint.

Journaliste Ouf! Voilà une bonne nouvelle. Je crois que bon

nombre d'auditeurs vont se sentir soulagés d'être encore indispens-
ables à leur femme . . . Sabine, je vous remercie. Nous devons rendre
l'antenne maintenant, mais je suis sûre que ce débat a soulevé de
nombreuses questions, et si nos auditeurs et auditrices désirent nous
communiquer leurs impressions, ils peuvent le faire en composant le
numéro suivant: 61 87 63 49.

Voix C'était un reportage de Françoise Etcheverry de Radio
Toulouse.

Compréhension

1 Quel genre de formation a-t-elle reçu?
2 De quelle façon est-ce que son mari la soutient chez eux?
3 Quelle est la différence entre une femme au foyer et une femme
   telle que Sabine?
4 Quelles raisons donne-t-elle pour expliquer son besoin d'exercer
   son métier?
5 Quelle est la clé de réussite pour une femme qui a un métier?

20 Les pays francophones

Première partie

Domaine géographique: les pays de langue française. On les groupe sous l'expression plus concise de monde francophone. Le mot, inventé au siècle dernier par Onésime Reclus, frère du géographe et géographe lui-même n'a resurgi qu'en 1962. En 1974, un Service des Affaires francophones a été créé au ministère des Affaires étrangères, ct cn 1986 un secrétariat d'Etat chargé de la francophonie.

En Europe, les pays francophones comprennent: la Wallonie et la grande majorité de l'agglomération bruxelloise (en tout 4,15 millions d'habitants), quelque 300 000 Luxembourgeois, soit la majeure partie de la population, qui recourent aussi et plus fréquemment à un dialecte, la Suisse romande (1 100 000 habitants), plusieurs villages de la vallée d'Aoste, Monaco . . . , en tout près de 6 millions de personnes.

En Amérique, figure, d'abord, le Canada (5 millions de Québécois, soit 82% de la population de la 'belle province'), et environ 1 million de Canadiens français dans le reste du pays. Aux Etats Unis vivent des descendants de Franco-Américains et de Canadiens français estimés à environ 1 million, du moins ceux qui ont gardé un caractère français, surtout en Louisiane. Un troisième groupe est représenté par Haïti (4,5 millions d'habitants), quoique le parler courant soit un créole français, ce qui avec Saint-Pierre et Miquelon, les Antilles et la Guyane françaises totalise environ 7 millions de personnes, la moitié, au moins, parlant concurremment l'anglais.

La décolonisation de l'Afrique n'a pas porté tort à la diffusion du français. On y parlera même numériquement français plus qu'en France d'ici quelques années. Certes, en Afrique du Nord, il a reculé devant l'arabe; sa place dans l'enseignement s'est trouvée réduite, et il n'est plus nulle part langue officielle; mais il demeure répandu, même dans les jeunes générations, grâce à une scolarisation accrue. En

Afrique subsaharienne, il a trouvé de solides points d'appui; deux sont très prometteurs: le Zaïre, le plus grand Etat francophone d'Afrique, et la Côte d'Ivoire, où il est plus parlé qu'au temps de la colonisation. Il est aussi pratiqué dans les autres Etats issus de la colonisation belge, portugaise, anglaise et même espagnole. Dans beaucoup de ces pays et dans les Etats d'ancienne mouvance française, le français est langue officielle, véhiculaire, et souvent presque une deuxième langue maternelle, malgré la revivescence des langues et dialectes vernaculaires. Hors d'Europe, c'est en Afrique, à Madagascar et aux îles Mascareignes que le français offre les meilleures perspectives.

Le français est donc aujourd'hui la langue maternelle ou d'adoption de 95 millions d'hommes (40 millions France et DOM-TOM exclus). C'est peu pour une population mondiale évaluée, en 1986, à 4 milliards 750 millions d'hommes, si on pense aux 350 millions d'anglophones, 280 millions d'hispanophones, en progression rapide . . .

Mais, en même temps, on assiste à une prise de conscience accrue de la parenté du monde francophone, produite le 17 février 1986 par la réunion à Paris, du premier 'sommet' réunissant 41 nations francophones. Un second est prévu à Québec en septembre 1987.

Louis Dollot, *Que sais-je: La France dans le monde actuel*,
Paris, Presses Universitaires de France

N.B. Les DOM-TOM: Les Départements d'Outre-Mer et Territoires d'Outre-Mer.

Les DOM:
la Réunion, la Martinique, la Guadeloupe, la Guyane,
Saint-Pierre-et-Miquelon.

Les TOM:
la Polynésie française, la Nouvelle-Caledonie.

Compréhension

1 De quel siècle le mot 'francophone' date-t-il?
2 Pourquoi est-ce que le français demeure répandu en Afrique du Nord?

3 Expliquez les mots suivants: concurremment, mouvance, hispanophones, accrue, reviviscence.
4 Quelle langue a remplacé le français en Afrique du Nord?
5 Selon l'auteur, où est-ce que le français offre les meilleures perspectives, hors d'Europe?

Deuxième partie

Au moment de la traditionnelle conférence des chefs d'Etat de France et d'Afrique, le roi du Maroc donne une interview au *Point*, hebdomadaire français.

Le Point Le Maroc ne conforte-t-il pas le rôle de la France en Afrique?

Hassan II Avec la France, nous vivons une vie heureuse. Nous essayons les uns et les autres de l'agrémenter, car celle-ci deviendrait presque monotone: nous n'avons aucun contentieux. Il faut donc que cette symbiose franco-marocaine ne reste pas au stade contemplatif et puisse s'exercer en dehors de nos deux pays. Le Maroc a posé sa candidature au Marché commun. Il est d'autant plus important pour l'Europe qu'il a des attaches avec l'Afrique sub-saharienne, tout en étant le plus occidental des pays du Maghreb.

Le Point Ne risquez-vous pas d'effrayer certains Européens déjà inquiets de l'arrivée du Portugal et de la Grèce?

Hassan II Le Maroc peut prétendre au sein de la CEE à un statut plus que privilégié, à devenir une sorte de filiale. Personnellement, je ne tiens pas forcément à entrer dans la Communauté européenne, car je n'ai pas les moyens de suivre les pays du Marché commun. Ceux qui viennent d'y adhérer, et même ceux qui en ont été les membres fondateurs, comme la France, vont peiner. Si vous continuez comme cela sur le plan social, 1992 ne va pas être rigolo pour vous . . .

Le Point Ce sommet a aussi une dimension culturelle. Comment concilier francophonie et arabisation?

Hassan II Nous sommes arabophones, mais nous parlons bien le français. Notre culture arabe ne peut que gagner à s'enrichir de cultures étrangères, et c'est pour cela que j'ai imposé au moins une langue étrangère dans les lycées.

Le Point Après une période d'arabisation, n'y a-t-il pas un rééquilibrage linguistique dans l'ensemble du Maghreb?

Hassan II C'est certain. Je peux vous dire que non seulement les dirigeants, mais les peuples du Maghreb pensent, comme moi, qu'il faut jeter des passerelles de communication avec l'Europe. Et ces passerelles, ce sont les langues.

Le Point, Edition internationale, 12 décembre 1988

Comprehension

1 What does Hassan II say about the Franco-Moroccan 'symbiosis'?
2 What is le Maghreb?
3 What reason does he give for not wanting to enter the European community?
4 Why has the King made foreign languages compulsory in secondary schools?
5 What phrase does he use to describe the importance of languages, and how can it be translated?

21 Les banques

Première partie

La première vague de nationalisation du crédit eut lieu immédiatement après la Deuxième Guerre mondiale. C'est ainsi que la Banque Nationale de Paris, la Société Générale et le Crédit Lyonnais sont nationalisés depuis bientôt 40 ans. Pour le client moyen, cette première vague de nationalisations n'a pas changé grand chose, les mêmes types de services se sont maintenus et les conditions de crédits ont été comparables à celles du secteur privé.

La deuxième vague va être beaucoup plus importante puisqu'elle va conduire au contrôle par l'Etat de 87,6% des dépôts en banque et 77,6% des crédits. Seules les très petites banques et les banques étrangères ne sont pas nationalisées.

Une des fonctions de ces nationalisations était de mettre le crédit au service de la production nationale et en particulier de prendre en compte tous les effets externes négligés dans une logique de seule rentabilité. Il s'agissait ainsi de soutenir les entreprises en difficultés temporaires, de faciliter les investissements 'à risques' mais nécessaires au développement industriel . . .

Si les banques ont souvent été sollicitées par l'Etat pour assurer cette fonction, en particulier au cours des premières années du septennat de François Mitterand, globalement elles ont réussi a maintenir un taux de rentabilité et un niveau de risque qui font que les établissements financiers français sont parmi les plus appréciés au niveau mondial. Ceci n'a pu se réaliser qu'au prix d'une limitation du rôle de 'samaritain' envers les entreprises en difficultés. A partir de 1984, une vaste réforme des marchés financiers est entreprise. Elle tend à accroître la concurrence entre les établissements bancaires et à réduire les crédits à taux 'bonifiés', c'est-à-dire aidés par l'Etat.

Accélérée après 1986, la dérégulation des marchés financiers et monétaires, réduit de façon sensible les moyens d'intervention de l'Etat dans ces domaines.

J. et G. Bremond, *L'Economie Française face aux défis mondiaux*, Paris, Hatier, 1988

Les dix premières banques mondiales
(Total du bilan exprimé en milliards de dollars)

En 1970			En 1980		
1	Bank of America	26	1	Citicorp	110
2	Citicorp	23	2	Bank of America	107
3	Chase Manhattan	22	3	Crédit Agricole	107
4	Barclays Bank	15	4	BNP	106
5	Manufacturers Hanover	12	5	Crédit Lyonnais	99
6	Morgan	11	6	Société Générale	91
7	National Westminster	11	7	Barclays	89
8	Western Bancorporation	11	8	Deutsche Bank	88
9	Banca Nazionala del Lavoro	10	9	National Westminster	83
10	Chemical NY	10	10	Daiichi Kangyo	80

En 1987		
1	Daiichi Kangyo	230
2	Sumitomo	213
3	Fuji	208
4	Mitsubishi	194
5	Sanwa	186
6	IBI Int. Bank of Japan	184
7	Crédit Agricole	182
8	Citicorp	170
9	Norin Chukin	158
10	BNP	155

Comprehension

1 Three French banks are mentioned in the passage. How long have they been nationalised?
2 Following the second stage of nationalisation, which two categories of banks will remain private?
3 How are the nationalised banks able to help businesses?
4 The word 'rentabilité' crops up twice. What does it mean?
5 In 1980, how many French banks appeared in the Top Ten?

Deuxième partie

La banque et l'entreprise

Le partenariat banque-entreprise est un des points forts du développement économique. Dans ce numéro, le Billet des Banques a choisi de faire le point sur ce sujet avec M. Jean de Boissel, président du Comité Régional des Banques d'Aquitaine. Une idée force: les banques AFB sont de plus en plus structurées pour répondre aux besoins de conseils et d'informations des chefs d'entreprises.

Le Billet des Banques Les entreprises représentent une part très importante des activités des Banques AFB. Quels sont les critères qui guident vos interventions et quel type de relations souhaitez-vous établir avec les chefs d'entreprises?

Jean de Boissel Nos interventions sont fondées sur deux motivations: l'aide à l'entreprise pour lui permettre de se développer et par voie de conséquence le soutien à l'économie régionale; le souci légitime d'être remboursés de nos avances.

C'est pourquoi nous nous intéressons d'abord aux entreprises les plus performantes sans négliger pour autant les secteurs traditionnels.

Nous souhaitons établir avec les chefs d'entreprises des relations de confiance basées sur une connaissance solide de leur affaire. Ceci nécessite de la part du banquier AFB une disponibilité suffisante pour pouvoir évoquer régulièrement avec eux les points importants de la vie de leur entreprise (investissements, financement de commandes, besoins de trésorerie courants). A contrario, je considère qu'un seul contact annuel est tout à fait insuffisant et peut conduire à de graves incompréhensions.

Le Billet Le tissu aquitain étant composé essentiellement de PME-PMI souvent désorientées face à la concurrence que se livrent les banques entre elles, quelle est la philosophie de l'AFB à leur égard?

Jean de Boissel Le jeu de la concurrence est un élément fondamental auquel les banquiers AFB sont très attachés. Il me paraît tout à fait normal qu'un chef d'entreprise consulte plusieurs banquiers avant de faire son choix, tout en sachant qu'il lui sera difficile de changer fréquemment de banquier principal en raison de cette nécessité de liens de confiance réciproque dont je vous ai déjà parlé. Aujourd'hui, les chefs d'entreprises savent parfaitement faire valoir à tous leurs interlocuteurs les avantages qu'ils auraient pu retirer d'un nouveau banquier et obtenir ainsi de leur partenaire habituel les conditions les plus favorables.

Le Billet   On dit que les banquiers jouent de plus en plus le rôle de véritables conseillers financiers aptes à intervenir sur tous les sujets: préparation du 1er janvier 1993, rapprochement, fusion, transmission d'entreprises . . . En Aquitaine, cette évolution est-elle déjà significative?

Jean de Boissel   Beaucoup d'entreprises d'Aquitaine seront confrontées aux conséquences de l'Acte Unique Européen. Il est probable que l'on assistera bientôt dans notre région à davantage de regroupements d'entreprises. Dans ce domaine ainsi que dans celui de la transmission, les banques AFB ont créé des secteurs spécialisés. Je suis d'ailleurs convaincu que de plus en plus de rapprochements se concrétiseront avec l'aide des banques AFB.

Lettre d'Information de l'Association Française des Banques (AFB),
Aquitaine, juin 1988

Comprehension

1   What are the two motives behind the AFB's involvement with the business community?
2   What, according to M. de Boissel, should be an essential characteristic of a bank manager when dealing with the business community?
3   What should any business executive do before choosing a bank?
4   How can the competition between banks be used to advantage by businessmen?
5   What effect will the Single European Act have on business in the Aquitaine area?

22 Les Chambres de Commerce

Première partie

Les Chambres de Commerce et d'Industrie

Un peu d'histoire

Les premières Chambres de Commerce ont vu le jour à la fin du XVIème siècle, notamment dans les villes portuaires. En 1898, une loi organique leur donne un statut d'établissement public, doté de la personnalité morale et de l'autonomie financière.

En 1960, elles deviennent, par décret, Chambres de Commerce et d'Industrie. Leur statut original, en fait des établissements publics gérés par des chefs d'entreprises représentant le commerce, l'industrie et les services. Ceux-ci sont élus tous les trois ans au sein de chacune de ces catégories par les responsables des entreprises inscrites au Registre de Commerce. Deux sous-catégories, grandes entreprises et petites entreprises sont en outre distinguées, composant ainsi des assemblées représentatives de l'ensemble des entreprises. Il y a aujourd'hui 152 Chambres de Commerce et d'Industrie en Métropole et huit dans les DOM-TOM.

Au plan régional, les Chambres Régionales de Commerce et d'Industrie, constituées de membres des Chambres locales, ont un rôle fédérateur en ce qui concerne certaines actions d'intérêt régional. De même, à l'échelon national, l'Assemblée Permanente des Chambres de Commerce et d'Industrie (APCCI) a un rôle à la fois d'incitation d'actions nationales et de coordination des initiatives.

Le rôle des Chambres de Commerce et d'Industrie

La loi de 1898 laisse un champ d'application très large aux Chambres de Commerce et d'Industrie qui disposent d'un appareil décentralisé important en hommes et en équipements. Elles ont pour mission de contribuer, par tous les moyens prévus par la loi, au développement

CHAMBRE DE COMMERCE ET D'INDUSTRIE DE BORDEAUX

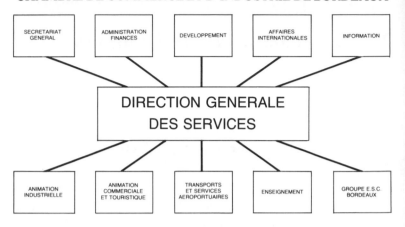

Chambre de Commerce et d'Industrie de Bordeaux, juin 1988

économique de leur circonscription. Elles le font avec le souci constant de la recherche de l'intérêt général. Représentant l'ensemble des Entreprises, les Chambres de Commerce et d'Industrie ne sont en effet ni des syndicats professionnels, ni des organismes de défense d'intérêts particuliers.

Depuis ces vingt dernières années, leur rôle de partenaires du développement économique a considérablement évolué. Par leurs actions d'animation et de dynamisation, elles sont devenues l'un des principaux moteurs de développement économique de l'espace dans lequel elles s'inscrivent.

Gestionnaires d'équipements (aéroports, ports, centres routiers), elles participent à l'amélioration des communications, essentielles aujourd'hui pour le développement des échanges.

Elles interviennent en outre dans l'aménagement de zones industrielles, et jouent un rôle moteur en matière de restructuration et d'équipement commercial.

Les Chambres de Commerce et d'Industrie, attachées à l'amélioration des connaissances et des compétences ont également en charge de nombreux organismes de formation professionnelle et de perfectionnement. Elles y dispensent des formations spécifiques (en gestion et en technologie notamment), adaptées aux besoins des entreprises et en évolution permanente.

Enfin, elles ont mis en place une politique d'information active en direction des entreprises. Cette politique a pour objectif de mettre à leur disposition les informations nécessaires à leur adaptation à un environnement en perpétuelle mutation.

Aujourd'hui, les Chambres de Commerce et d'Industrie regardent vers 1993. Dans un contexte économique nouveau, elles doivent jouer un rôle essentiel dans la préparation des entreprises au grand marché unique.

(Extrait des informations publiées par
la Chambre de Commerce et d'Industrie de Bordeaux, juin 1988)

Comprehension

1   When and where did the first **Chambres de Commerce** appear?
2   What happened in 1960?
3   How often are representatives elected?
4   What is the role of the APCCI?
5   What is the objective of the **Chambres de Commerce et d'Industrie**?
6   Name three activities in which they play a management role.
7   How do they influence the development of industrial estates?
8   How are the **Chambres de Commerce et d'Industrie** involved in the field of education?
9   What is the aim of the 'politique d'information active'?
10   In what way are they looking towards the future?

Deuxième partie

Un représentant de l'Association des Chambres de Commerce et d'Industrie européennes (EUROCHAMBRES) à Bruxelles donne des éclaircissements sur les Chambres de Commerce et d'Industrie en France.

Interviewer   Quelle est l'importance de votre organisation dans la Communauté Européenne à l'heure actuelle?
Porte-parole   Plus de 600 Chambres de Commerce et d'Industrie forment un réseau dense, qui couvre l'ensemble du territoire de la Communauté européenne. Ces Chambres représentent, selon leur

statut, soit l'ensemble des entreprises, petites et grandes, de l'industrie, du commerce et des services, soit un grand nombre d'entre elles. Elles sont ainsi le porte-parole des intérêts de plus de 10 millions d'entreprises en Europe.

Interviewer Et qu'est-ce qu'elles font en effet?

Porte-parole Eh bien, elles se caractérisent par des activités très diversifiées. Ces organismes peuvent se vanter, tout à la fois, de posséder des écoles, des grues et des ferry-boats, de gérer des bourses de commerces, des aéroports et des banques de données, de former des apprentis-vendeurs, des ingénieurs chimistes et des guides de haute-montagne, de construire des bâtiments industriels, des téléphériques et des halles de foire.

Interviewer Est-ce que tout cela est typique à toutes les Chambres européennes, aux Chambres françaises, par exemple?

Porte-parole Ah non, je ne vais pas jusque-là, mais il est certain que les Chambres de Commerce et d'Industrie en France assument beaucoup de responsabilité dans le développement économique et dans la formation professionnelle de leur circonscription.

Interviewer En quoi les Chambres de Commerce et d'Industrie du continent diffèrent-elles de leurs homologues du reste du monde occidental?

Porte-parole Les Chambres d'Allemagne fédérale, de Grèce, d'Espagne, de France, d'Italie, du Luxembourg, et des Pays-Bas sont des établissements de droit publics, et disposent d'une législation qui leur est propre. En Irlande et au Royaume-Uni, par contre, les Chambres sont des associations de droit privé, ainsi qu'en Belgique. Les moyens financiers des CCI européennes proviennent généralement de trois types de ressources, soit d'une taxe parafiscale à laquelle sont soumis tous les ressortissants et dont le montant doit être approuvé par les pouvoirs publics (cette taxe est calculée sur la base de la taxe professionnelle en France); soit des redevances pour certains services rendus par les Chambres ou par les organismes qu'elles gèrent; soit de certaines subventions accordées par les pouvoirs publics en contrepartie de certaines charges assumées par les Chambres.

Interviewer Quels sont les axes communs à toutes les Chambres européennes?

Porte-parole Les actions des CCI peuvent être regroupées autour de quatre axes: actions devant faciliter la gestion des entreprises, actions en faveur de la formation professionnelle, actions en faveur des échanges internationaux et actions en faveur de la création d'entreprises et de l'innovation.

Interviewer Est-ce que vous pourriez m'indiquer quelques-unes des responsabilités des Chambres françaises?

Porte-parole Oui, bien sûr. Elles doivent créer et gérer les ports de commerce, de voyageurs, de pêche et de plaisance; les aéroports et les aérodromes; les entrepôts publics et les magasins généraux; les zones d'activités économiques et la construction et location d'usines-relais; les équipements touristiques – c'est-à-dire, parkings, téléphériques, aires de service sur les autoroutes – ainsi que les équipements commerciaux – halls de foire, aires d'exposition etc.

Interviewer Et comment est-ce que les CCI européennes vont faire face à l'avenir?

Porte-parole Eh bien, c'est surtout dans le domaine de l'intégration économique de l'Europe que les CCI se sont concertées. Dans le cadre des travaux de l'Association des Chambres de Commerce et d'Industrie européennes, les CCI abordent toutes les questions posées par le développement de la construction communautaire et s'efforcent de définir un certain nombre de positions communes, qui sont ensuite présentées aux services compétents de la Commission des Communautés européennes.

Il faut également citer le séminaire de formation européenne, que les EUROCHAMBRES organisent chaque année à Bruges, à l'intention des cadres des Chambres de Commerce et d'Industrie des Etats membres de la Communauté. Ces séminaires visent essentiellement deux objectifs: promouvoir auprès des CCI une meilleure connaissance des mécanismes, des politiques et des instruments financiers de la Communauté, et promouvoir la coopération entre les Chambres européennes.

Interviewer Merci beaucoup, Monsieur, de m'avoir accordé cet entretien, qui intéressera énormément les hommes d'affaires au Royaume-Uni.

Porte-parole Je vous en prie!

Compréhension

1 Combien d'entreprises forment le réseau des Chambres de Commerce et d'Industrie européennes?

2 Nommez trois activités d'une Chambre.

3   D'où proviennent les moyens financiers des CCI européennes?
4   Les Chambres de Commerce et d'Industrie en France gèrent les aéroports – vrai ou faux?
5   Quels sont les deux objectifs des séminaires de formation européenne qui ont lieu à Bruges chaque année?

23 Les communications et le transport

Première partie

Les télécommunications

Le Minitel 1: le terminal Télétel le plus simple

Destiné à une grande diffusion, le Minitel 1 a été conçu pour être aussi facile à utiliser que possible, notamment grâce à ses touches de fonction en langage clair.

Ecran noir et blanc, léger, compact, doté d'un clavier de taille réduite de type AZERTY, le Minitel 1 trouve sa place partout: bureaux, commerces, ateliers, où il se branche simplement sur une prise téléphonique et sur une prise de courant 220 V.

Une prise péri-informatique permet, en cas de besoin, de raccorder différents périphériques adaptés: imprimante, micro-ordinateur . . .

Le Minitel 10: un Minitel plus un téléphone moderne

Conçu pour faciliter vos communications avec vos correspondants ainsi qu'avec les services Télétel, le Minitel 10 ajoute aux fonctions du Minitel 1 celles d'un poste téléphonique moderne:

★ une mémoire de 20 numéros téléphoniques ou de services Télétel qui permet l'appel simplifié du correspondant:
soit par son numéro de mémoire de 01 à 20;
soit par un code de votre choix, de six caractères au maximum;
★ la numérotation au clavier;
★ l'appel sans décrocher le combiné;
★ l'écoute amplifiée ou collective, par haut-parleur réglable;
★ le renouvellement immédiat ou différé du dernier appel grâce à la touche 'Bis';
★ une languette 'Secret'.

Sur l'écran du Minitel 10, vous pouvez:

★ contrôler le numéro demandé qui s'affiche;
★ afficher les numéros de la mémoire à tout instant sur l'écran, ce qui vous permet, par exemple, d'indiquer à un correspondant un numéro de téléphone déjà inscrit dans la mémoire.

Télétel:

Nom du système français de vidéotex interactif. Télétel permet de transmettre et de recevoir, via le réseau téléphonique, des pages de textes et de graphismes qui s'affichent sur l'écran d'un terminal.

Minitel:

Nom des terminaux proposés par les Télécommunications pour accéder aux services Télétel.

PTT

Guide pour entreprendre 88/89

Encore relativement peu employée actuellement, la consultation des banques de données représente certainement l'avenir de la télématique professionnelle. Certains services destinés aux PME, s'avèrent des outils quasi-indispensables. A titre d'exemple, celui de l'INPI (Institut National de la Propriété Industrielle), Icimarques, recense 900 000 marques françaises et internationales avec le nom et l'adresse du déposant. Un autre service, Implantel, réunit une banque de données sur les facilités offertes par les communes aux entreprises désirant s'y implanter.

En dehors même de toute logistique de vente, la télématique pour les PME couvre une gamme fort large d'applications: depuis la simple surveillance des prix de la concurrence, en passant par le service des chèques volés, jusqu'à l'envoi et la réception de télex. Certains, par souci d'économie, n'hésitent d'ailleurs pas à connecter leur micro-ordinateur sur un minitel pour profiter gratuitement du modem inclus dans ce dernier. Le modulateur-démodulateur permet de transformer les données véhiculées par l'ordinateur en données transportables par ligne téléphonique. Ces utilisateurs ont ainsi lancé une discipline nouvelle, la micro-minitélie, qui leur permet d'accéder à peu de frais aux nouvelles voies de la communication (le minitel 10B s'impose alors, loué à 85 F/mois par France Télécom). On peut avancer dès à présent, que ces deux 'tiques', informatique et télématique n'en formeront bientôt plus qu'un seul, tant s'accélère l'intégration des composants, des matériels et des services. Déjà, la croissance des PME les plus dynamiques passent par ces technologies. Bientôt rares seront les PME sans puces ou sans 'tiques'.

F. Laplace, *Le Guide pour Entreprendre*, SDF, 1988

Les bonnes adresses

CNFT (Centre National de Formation à la Télématique)
16, rue Puits-Mauger
99155 RENNES CEDEX 35032
BP 141C
Tél.: 99 01 55 55
Numéro vert (pour obtenir le catalogue des stages): 05 02 11 35.
Formation générale – télétel – télématique et bureautique.
Réseau télécommunications de l'entreprise – formations spécifiques – cartes à mémoire.

ADEPA (Agence Nationale pour le Développement des Productions Automatisées)
17, rue Périer,
92120 MONTROUGE
Tél.: 46 57 12 70.

Compréhension

1   Pourquoi le Minitel est-il facile à utiliser?
2   Où se branche-t-il?
3   Qu'est-ce que le Minitel 10 ajoute aux fonctions du Minitel 1?
4   Qu'est-ce qui représente l'avenir de la télématique?
5   Comment dit-on en français: data bank, computer technology, microchip, printer, keyboard, screen, electronic data transmission?

Deuxième partie

Le transport

Notre étudiant veut s'informer sur le sujet des courants de trafic en France. Il prend rendez-vous avec un professeur de géographie à l'Université de Montpellier.

Etudiant Pouvez-vous me parler un peu du transport des marchandises en France, Monsieur le professeur?

Professeur Près de 2 milliards de tonnes de marchandises sont transportées chaque année en France, dont 25% sont échangées avec l'étranger. Mais le partage est loin d'être égal entre les différents modes: la route vient en tête avec 50% des tonnes-kilomètres devant le rail avec 35%; les tubes (gazoducs, oléoducs . . .), 10%; et la voie d'eau, 5%. La part de la route a doublé ces dernières années, mais les trafics du rail et de la voie d'eau n'ont pas diminué pour autant, car la route a surtout absorbé une grande partie de la forte augmentation du volume transporté.

Etudiant Comment est-ce qu'on peut expliquer le partage entre les différents modes de transports?

Professeur Il se fait selon plusieurs critères: la distance à parcourir, la rapidité souhaitée, le poids et la nature des marchandises. C'est principalement dans le domaine des industries légères (machines, véhicules, produits manufacturés en général) que la route transporte la plus grande part des marchandises, puisqu'elle assure 62% du transport dans cette catégorie, contre 38% pour le rail. De telles industries s'implantent aisément le long des routes à grande circulation ou à proximité des échangeurs autoroutiers, en particulier dans les secteurs de décentralisation. En revanche, le rail et la voie d'eau s'imposent dans le domaine des matériaux lourds en vrac (pondéreux), comme les minéraux, les combustibles ou les produits métallurgiques. Des établissements industriels tels les usines sidérurgiques ou les cimenteries sont d'ailleurs installés en bordure de canaux ou de voies ferrées, même quand leur construction est récente.

Etudiant Est-ce que les flux de marchandises font apparaître d'importants déplacements entre les régions industrielles densément peuplées?

Professeur Oui, bien sûr, mais 80% des déplacements de marchandises sont réalisés à faible distance dans le cadre de la région (produits agricoles et alimentaires par exemple). Cependant, pour les produits manufacturés à forte valeur ajoutée comme pour les produits lourds très spécialisés utilisés dans la chimie ou la métallurgie, les déplacements interrégionaux sont prédominants. (*Le téléphone sonne.*) Excusez-moi . . .

Allô, Jean-Marie Fabre à l'appareil. Ah, bonjour Monsieur Lacroix. Comment allez-vous? . . . Très bien, merci . . .

Comprehension

1 Which is the second most important method of transport?
2 What are the four criteria for choosing between the different means of transport?
3 Find the French for: vehicles, according to, along, on the other hand, in bulk.
4 What sort of goods are transported largely by rail?
5 Which types of goods are most often transported from one region to another?

24 Vers l'an 2000

Première partie

Cette France, qui demeure, malgré tout, le plus unitaire des Etats d'Europe, et à laquelle s'attache depuis longtemps une certaine image, est en passe de devenir une France autre où les proches aïeux des générations actuelles auraient de la peine à se retrouver.

Au cours de ce qui sera bientôt un demi-siècle, la France aura connu six secousses politiques: l'effondrement de la IIIe République balayée par la défaite de 1940, l'avènement de la IVe République en 1946, celui de la Ve en 1958, les journées de mai 1968, la révolution 'tranquille' de 1981, les vicissitudes de la 'cohabitation' depuis mars 1986, et trois guerres: la deuxième guerre mondiale, la guerre d'Indochine, la guerre d'Algérie se soldant par la perte de son second empire colonial, la fin de sa grande histoire militaire, et de considérables meurtrissures morales, physiques et matérielles.

La renaissance démographique amorcée en 1940 a été de courte durée. Elle a néanmoins contribué à ce que la France, dont d'aucuns pensent, à en juger par ses voisins européens, qu'elle pourrait nourrir 80 millions d'habitants sans baisse du niveau de vie, augmente d'un quart sa population.

Aux alentours de 1958, le redressement scientifique a ouvert des perspectives d'autant plus prometteuses qu'il se poursuit, s'étend à des disciplines où la France s'était trop longtemps laissée distancer, et lui rend un rang, un des premiers, qu'elle avait perdu deux fois depuis deux cents ans.

Environ dix ans plus tard, a eu lieu un redémarrage économique qui a fait de la France un pays moderne et industrialisé à l'égal des plus importants, sans que son agriculture ait été sacrifiée.

Plus nombreuse et plus jeune, du moins provisoirement, plus entreprenante, plus scientifique, plus industrialisée, devenue meilleure commerçante, moins paysanne mais pays agricole allant de l'avant et toujours marqué d'esprit terrien, en voie de donner au secteur tertiaire l'importance qui lui revient, la France se met peu à peu à l'heure de son temps.

La France commémore, en 1987, le millénaire de l'avènement, perdu dans la nuit des temps, des Capétiens rassembleurs, auxquels elle doit son unité. 1989 marquera le deuxième centenaire d'un événement, au retentissement considérable, la Révolution française, entrée tumultueuse de la Nation dans le monde moderne.

Deux dates qui incitent à la réflexion. Les images qu'elles peuvent donner à l'étranger de la France sont, sans doute, très dissemblables. C'est pourtant d'un même pays, dans son étonnante continuité, qu'il s'agit.

Louis Dollot, *Que sais-je: La France dans le monde actuel*, Paris, Presses Universitaires de France

Compréhension

1 Qu'est-ce qui s'est passé en mai 1968?
2 Nommez les trois guerres que la France a connu au cours d'un demi-siècle.
3 Quel développement aurait pu détruire le secteur primaire en France?
4 Quels événements les Français commémorent-ils en 1987 et en 1989?
5 Expliquez les mots suivants: aïeux, secousses, provisoirement, terrien, dissemblables.

Deuxième partie

Françoise Giroud, a former Arts Minister (1976), is a hard-hitting journalist, a novelist and an essayist. Giroud went to Germany to meet Gunter Grass, the leading left-wing writer. At a time when the European nations are supposed to be moving closer together, these two intellectuals forcefully expressed their feelings about each other's country.

Extrait d'une interview de Françoise Giroud, par Catherine Nay, dans le magazine 'Jours de France' (1er au 7 octobre 1988) sur cette rencontre.

Françoise Giroud   [. . .] Evidemment, nous nous sommes un peu accrochés, mais jamais je ne me suis sentie aussi française qu'en face de Gunter Grass. Brusquement, j'ai eu des réflexes français, presque stéréotypés, c'est-à-dire un goût certain pour la vie, pour plus de légèreté.

Catherine Nay   Peut-on croire à la construction européenne quand il s'agit de conjuguer des tempéraments aussi différents?

Françoise Giroud   Ce qui est important c'est que les industries et les gens d'affaires réussissent à travailler ensemble. Il faudrait aussi que les Français se rendent compte de la formidable puisssance économique allemande. C'est le Japon de l'Europe et ils ne le savent pas vraiment. Avec Grass, nous n'avons pas du tout abordé les problèmes économiques, ce qui était intéressant c'était d'entendre ce qu'il dit de la France.

Catherine Nay   Et que dit-il?

Françoise Giroud   A la fois il la déteste et il est fasciné. C'est un amour-haine extraordinaire, alors que, du côté français, il y a, me semble-t-il, plutôt de l'indifférence pour les Allemands. Certes, quand on a eu un père ou un grand-père qui a été tué à Verdun ou qui a fini dans un four crématoire, il y a encore de forts sentiments de rejet. Mais en gros, les Français sont assez indifférents.

Catherine Nay   Et pourquoi cette fascination pour nous?

Françoise Giroud   A cause de la culture française, bien qu'il ne cesse d'expliquer que nous sommes finis, qu'il n'y a plus personne, qu'on ne crée plus, mais il le dit avec une âpreté qui est le contraire du détachement. [. . .]

Catherine Nay   Et de la répulsion, pourquoi?

Françoise Giroud   Il ne nous aime pas, parce qu'il nous trouve agaçants, légers, arrogants. L'arrogance, est d'ailleurs un reproche que l'on nous fait souvent à l'étranger. Et il est vrai que nous avons tendance à croire – à tort – que nous sommes supérieurs aux autres. Les Français sont persuadés que tout le monde doit parler français, dans un monde où malheureusement on le parle de moins en moins. Ils ne veulent pas savoir ce qui se passe à l'etranger. Interrogez des Français cultivés: ils sont incapables de vous citer un peintre allemand alors qu'ils sont plus cotés que les nôtres sur le marché international. On croit qu'en France c'est mieux.

   Mais si l'on pense que l'industrie allemande du prêt-à-porter féminin fait de plus gros chiffres que sa concurrente française à l'exportation, on devrait être un peu plus modeste. [. . .]

Catherine Nay   A la fin de votre entretien, qu'avez-vous éprouvé?

Françoise Giroud   J'étais assez contente de rentrer chez moi, mais je ne me suis pas du tout ennuyée avec lui. J'ai l'impression de m'être enrichie.

Catherine Nay   Gunter Grass le dit, il a honte d'être allemand, et vous, avez-vous quelquefois eu honte d'être française?

Françoise Giroud   C'est là notre grande différence. Un Allemand est toujours en quête d'identité parce que la patrie allemande n'existe pas. Il y a des régions. On est d'abord de Munich ou de Hambourg, avant d'être allemand. La RFA est une construction juridique. Il dit 'Pour vous, c'est bien facile'. C'est vrai qu'il n'y a pas de mal à dire 'Je suis français ou française'. Nous avons des siècles d'histoire derrière nous. Néanmoins, il se passe quelque chose en France me semble-t-il, il y a de nouveau un petit besoin d'affirmation nationale. Ce n'est pas du nationalisme délirant, mais un petit besoin de nationalisme positif.

Catherine Nay   Et vous l'expliquez par quoi, ce besoin?

Françoise Giroud   Nous sommes devenus des petits, or il y a dans l'histoire de France une tradition de grandeur. C'était une spécialité française. Cette grandeur n'est plus.

Catherine Nay   Va-t-elle renaître avec la notion d'Europe?

Françoise Giroud   Je crois que le désir de continuer à être dans l'histoire peut très bien s'appliquer à l'Europe. C'est une bonne canalisation de ce désir. Cela dit, je suis incapable de vous affirmer si nous sommes capables de faire face à ce grand dessein, mais si nous n'y réussissons pas qu'allons-nous faire? Devenir des tout petits. Ce serait tragique. Evidemment il nous restera toujours le sens et le goût de la vie . . .

Catherine Nay, Jours de France, 1–7 octobre 1988

Comprehension

1   What, according to Françoise Giroud, must the French realise about modern Germany?

2   Describe the difference between the Germans' feelings towards the French and the French people's attitude towards the Germans.

3   What image do foreigners have of the French?

4   Why can a French man or woman say without any compunction 'Je suis français ou française'?

5   What, according to Françoise Giroud, is the problem facing the French?

Key to exercises

1

1 (*a*) est (*b*) êtes (*c*) suis (*d*) est (*e*) sont.

2 (*a*) habite (*b*) travaille (*c*) parle (*d*) aime (*e*) visite.

3 Bonjour, mademoiselle. Je suis Brian Walters. Je suis représentant de la Société Price de Londres./ Oui. Je voudrais prendre rendez-vous avec Madame Gilbert demain matin à 11h15. C'est possible?/ Oui, c'est ça. Le numéro de téléphone est 33 04 29 42./ Au revoir, mademoiselle, et à demain.

4 (*a*) La secrétaire est au bureau. (*b*) Le directeur est ici? (*c*) Le responsable visite l'entreprise demain. (*d*) Le bureau est au premier étage. (*e*) J'habite à Nottingham.

5 (*a*) Non, je suis de la Société Allsport de Leicester. (*b*) Non, je suis chef des ventes. (*c*) Oui, c'est ça. (*d*) C'est 95 03 38 21. (*e*) Au revoir, mademoiselle.

6 (*a*) heureuse (*b*) nouvelle (*c*) meilleure (*d*) jeunes (*e*) petite (*f*) grande (*g*) intelligents (*h*) contente (*i*) ravis; téléphonique (*j*) meilleures.

7 le trois janvier/ le seize mars/ le premier mai/ le premier juin/ le quatorze juillet/ le quinze août/ le vingt septembre/ le dix-neuf octobre/ le douze novembre/ le onze décembre.

8 (*a*) Monsieur. (*b*) Messieurs. (*c*) Suite à notre conversation téléphonique. (*d*) Avec mes remerciements anticipés. (*e*) Veuillez agréer, Monsieur/ Madame/Messieurs, l'assurance de mes salutations distinguées. *or* Je vous prie d'accepter, Monsieur/ Madame/Messieurs, l'expression de mes meilleurs sentiments.

9 (*a*) passe (*b*) remercions (*c*) travaillent (*d*) êtes (*e*) J'aime.

10 (*a*) Je voudrais prendre rendez-vous le quatre mars. (*b*) Non, je travaille à York. (*c*) Notre entreprise est très grande. (*d*) Monsieur Green est notre représentant. (*e*) Mademoiselle Plantet est directrice des ventes.

2

1 (*a*) a (*b*) avez (*c*) ont (*d*) as (*e*) j'ai.

2 (*a*) Il est au restaurant. (*b*) Elle travaille au bureau. (*c*) Le restaurant est au rez-de-chaussée.

(*d*) Il y a une réunion à l'usine aujourd'hui. (*e*) Il donne le message aux directeurs.
3 (*a*) Parlez (*b*) Choisissez (*c*) Attendez (*d*) Réservez (*e*) quittez.
4 Bonsoir, mademoiselle. Est-ce que vous avez une chambre avec salle de bains?/ C'est combien?/ Oui, ça va. Est-ce qu'il y a un ascenseur?/ Très bien. Est-ce que je peux stationner devant l'hôtel?
5 Dear Mr Batchelor, Thank you for your letter dated 25th April. We have booked you a double room with en suite facilities for the 6th, 7th, 8th and 9th May at 175F per night. Our latest brochure and price list are enclosed. We look forward to seeing you [on the 6th]. Yours sincerely, Jean-Claude Pasquale (Manager).
6 (*a*) Nos (*b*) ma (*c*) Vos (*d*) leurs (*e*) Ses.
7 Monsieur,
Je vous prie de bien vouloir me réserver, au nom de . . . , une chambre pour une personne, avec douche et WC privés, pour les nuits du 12, 13 et 14 octobre.

Je vous serais reconnaissant de bien vouloir me communiquer vos tarifs et de confirmer la réservation par retour du courrier.

Veuillez agréer, Monsieur, l'expression de mes sentiments distingués.
8 (*a*) 71 Saône-et-Loire (*b*) 24 Dordogne (*c*) 30 Gard (*d*) 83 Var (*e*) 54 Meurthe-et-Moselle.

3

1 (*a*) va (*b*) allez (*c*) vont (*d*) vais (*e*) allons.
2 (*a*) de (*b*) du (*c*) de (*d*) de l' (*e*) de l'.
3 Je vais à l'hôtel Dubarry à Clamart./ Je suis de Leeds, dans le nord de l'Angleterre./ Je vais faire des affaires./ J'aime les deux./ Ciel!
4 (*a*) appellent (*b*) préfère (*c*) achètes (*d*) préfèrent (*e*) achetez.
5 Bonjour, mademoiselle. Est-ce que ma chambre est prête?/ Où est l'ascenseur?/ Quand est-ce qu'on sert le dîner?/ Je vais changer de l'argent à la banque. (Est-ce que) vous avez mon passeport?/ A tout à l'heure!
6 Quelques exemples: Je veux réserver une chambre./ Je voudrais prendre une douche./ Je vais manquer l'avion./ Il va garder la monnaie./ Nous allons téléphoner au bureau./ On va passer chez M. Perroy?
7 (*a*) Roissy-Charles de Gaulle et Orly. (*b*) Le RER (Réseau Express Régional). (*c*) A trente minutes au sud de Paris. (*d*) Il peut prendre la navette, un taxi ou le RER. (*e*) Trente minutes.
Comprehension 1
1 Orly and Charles de Gaulle airports. 2 He could refuse to take you there since Versailles is outside the limit (in the Yvelines département). 3 Two children under the age of 10. 4 At least

50 metres.   5 If parking is restricted, forbidden or impossible.

Comprehension 2

1 To planes.   2 Departures.
3 Gates.
4 Check-in areas.   5 Nothing to declare.

4

1   (*a*) Si, je veux du sucre.
(*b*) Si, j'ai du lait. (*c*) Si, j'ai une valise. (*d*) Si, elle a un ordinateur.
(*e*) Si, il attend une réponse.
2   (*a*) Non, je reste à la maison.
(*b*) Non, ils vont à Lyon. (*c*) Non, je vais à la gare. (*d*) Non, il est à l'usine. (*e*) Non, je vais aux grands magasins.
3   (*a*) vient (*b*) viens
(*c*) viennent (*d*) venons (*e*) vient.
4   (*a*) Il n'est plus chef des ventes.
(*b*) Elle n'est jamais fatiguée.
(*c*) Nous n'allons pas à la cantine à midi. (*d*) Ils n'arrivent pas en retard. (*e*) Ne choisissez jamais l'hôtel Beauséjour!

Comprehension

1 Firm orders can be taken; contacts with customers and the public can be built up; comparisons can be made with the competition.   2 The Sales Department should visit the company.   3 By displaying detailed product information, allowing comparison with rival companies.   4 A company can look at its competitors and find out what the customer wants.   5 The number of visitors to the fair and customer contacts.

5   Bonjour, Monsieur Delattre. Je peux vous aider?/ Avec plaisir. Notre vidéo est très intéressante. Vous voulez la voir?/ Merci beaucoup. L'emplacement est très cher, mais il faut voir nos clients et observer nos concurrents./ Oui, je le crois aussi. Je peux vous offrir un verre?

6   (*a*) L'ascenseur est au bout du couloir, à gauche. (*b*) Je suis désolé, Mademoiselle Jones est en retard. (*c*) Je m'appelle Bill Thompson. (*d*) Je ne prends jamais de café. (*e*) Nos prix sont très compétitifs.

7   (*a*) attend (*b*) prends (*c*) peux (*d*) vient (*e*) va.

4   (*a*) La conception assistée par ordinateur. (*b*) En participant à ces manifestations. (*c*) Où trouver? (*d*) Je désire recevoir deux exemplaires du calendrier.
(*e*) Bon de commande.

Data bank **banque de données**

5

1   (*a*) ce (*b*) Cette (*c*) ce
(*d*) Ces (*e*) Cet.
2   (*a*) Quel bruit! (*b*) Quel représentant va passer au bureau?
(*c*) Quel est le meilleur fournisseur? (*d*) Vous rentrez ce soir? Quel dommage! (*e*) Ils espèrent arriver à quelle heure?
3   (*a*) Oui, je veux les prendre.

(*b*) Oui, je peux les envoyer tout de suite. (*c*) Oui, elle sait le parler. (*d*) Oui, je sais les concurrencer. (*e*) Oui, j'espère la passer maintenant.

4 il a quitté; il a mis; il a parlé; il a téléphoné; il est sorti; il est revenu; il a eu; il est parti; il est rentré; il a passé.

5 (*a*) Je veux regarder ces documents. (*b*) Est-ce que je peux/ puis-je parler à l'expert-comptable? (*c*) Je sais, c'est assez difficile. (*d*) Connaissez-vous François Pernollet, le chef des ventes? (*e*) Elle sait se servir de/utiliser l'ordinateur.

6 Bonjour, Monsieur Pasquier. Je suis très heureux de faire votre connaissance./ Permettez-moi de vous présenter Gordon Wilkins, notre chef de comptabilité./ Asseyez-vous là, à côté de Monsieur Wilkins. Dans quel hôtel logez-vous?/ Est-ce qu'il y a tout ce qu'il faut?/ Bon. On peut commencer à parler affaires maintenant. Avez-vous des échantillons?

7 (*a*) Il ne faut pas sous-estimer la concurrence. (*b*) Nous espérons créer beaucoup d'emplois dans cette région. (*c*) Dans les domaines de la qualité et des prix, votre entreprise a la meilleure stratégie. (*d*) La commande va dépendre de l'avis du chef de comptabilité. (*e*) Par rapport aux Japonais, nos produits sont trop chers.

8 (*a*) Cet appareil est trop cher. (*b*) Cette brochure vous intéresse?

(*c*) Cet hôtel est très confortable. (*d*) Ces échantillons sont assez intéressants. (*e*) Ces frais sont trop élevés.

9 (*a*) dois (*b*) veulent (*c*) comprennent (*d*) doit (*e*) peuvent.

5 (*a*) Chef de projet. (*b*) Eastern suburb of Paris. (*c*) Sales manager (*d*) A town on the Loire. (*e*) Dossier de candidature.

6

1 (*a*) Oui, c'est ça, nous nous spécialisons dans les meubles de bureau. (*b*) Oui, c'est ça, nous nous engageons à envoyer les brochures tout de suite. (*c*) Oui, c'est ça, nous nous levons de bonne heure. (*d*) Oui, c'est ça, nous nous occupons des clients francophones. (*e*) Oui, c'est ça, je m'intéresse à l'exportation.

2 Supertex est une compagnie privée; nous avons fondé Supertex il y a sept ans. Nous venons de nous installer dans des locaux nouveaux à Hull./ Dans le nord de l'Angleterre, tout près de York. L'usine est très bien située pour les transports maritimes./ Il est de 3 millions de francs, et le marché ne cesse de s'étendre/d'augmenter. Nous utilisons un équipement de production des plus modernes, surtout des ordinateurs./ Il s'appelle Simon Peters. 75% des actions appartiennent à Monsieur Peters. Notre entreprise est un fabricant de vêtements pour femmes et je crois que nous pouvons accroître notre part du marché.

3 (*a*) croit (*b*) me souviens (*c*) reviennent (*d*) détiennent (*e*) répondent.

4 (*a*) Votre usine est très grande. La nôtre est assez petite. (*b*) La voiture de M. Poiret est rouge, la mienne est bleue. (*c*) Nos prix sont bas, les leurs sont élevés. (*d*) Mes billets sont ici, les siens sont à l'aéroport. (*e*) Son entreprise fabrique des vêtements pour hommes, la vôtre fabrique des vêtements pour femmes.

5 (*a*) allant (*b*) investissant (*c*) faisant (*d*) intéressante (*e*) surprenante.

6 (*a*) belle (*b*) actuelle; principaux (*c*) italienne (*d*) nouvelle (*e*) nouveaux; quotidienne.

7 Bordeaux se trouve dans le sud-ouest du pays, et la ville est à la fois un port et une capitale régionale. Elle importe le pétrole, les bois exotiques et les phosphates, et elle exporte les vins et les bois des Landes. L'agglomération bordelaise comprend 475 000 habitants. On s'occupe des industries de transformation, raffineries de pétrole, engrais, sucre, travail de bois, etc. Bordeaux a des liens avec la côte occidentale de l'Afrique et l'Amérique du Sud et se trouve à 579 kilomètres de Paris.

9 (*a*) A-t-il pensé à prendre ses affaires? (*b*) Avons-nous répondu à son appel téléphonique? (*c*) Va-t-il en parler à son directeur? (*d*) As-tu décidé de prendre l'avion? (*e*) Ont-ils accordé la détaxe à leurs clients?

10 (*a*) de (*b*) du (*c*) des (*d*) de (*e*) de.

12

```
15.4.89   JN    501846   CARNOT F

ALCO LEEDS  ANGLETERRE    A L'ATTENTION DE MR BROWN


===URGENT===


REMERCIEMENTS VOTRE TELEX DU 14 AVRIL. IL Y A SEULEMENT UN
RETROPROJECTEUR. VOUS DEVEZ FAIRE VOTRE PRESENTATION AVEC
TRANSPARENTS.

SALUTATIONS

DE CARNOT CLAMART     MADAME LEROY

501846 CARNOT F
320185 ALCOL G
```

7

1 (*a*) Non, je l'ai déjà réservée.
(*b*) Non, je l'ai déjà acheté.
(*c*) Non, je les ai déjà vus.
(*d*) Non, je l'ai déjà passée.
(*e*) Non, je l'ai déjà prise.
2 (*a*) Il a fait beaucoup d'erreurs.
(*b*) Je connais pas mal de Français.
(*c*) Ils détiennent peu d'actions.
(*d*) Je voudrais un kilo de pommes,
s'il vous plaît. (*e*) Il y a tant
d'écueils.
3 (*a*) Je vous envoie les
échantillons sans délai. (*b*) Il
m'apporte les machines cette
semaine. (*c*) Nous leur avons déjà
donné les billets à l'aéroport.
(*d*) Vous lui avez écrit une lettre ce
matin? (*e*) Elle me passe Monsieur
Fontan.
4 Je vais vous parler de notre
façon de concevoir, de développer
et de fabriquer notre gamme de
produits./ Le consommateur
s'intéresse plus particulièrement à
la facilité d'emploi, au confort et au
style. Les principaux besoins de
l'acheteur, cependant, sont le prix
et la facilité d'emploi./ Nous
visons le secteur haut de gamme,
où la qualité est aussi importante
que le prix. Nous avons également
renforcé notre service de
développement afin d'assurer les
produits les plus modernes./ Oui,
elle a investi beaucoup d'argent
dans l'équipement de production
ultra-rapide le plus performant. Cet
équipement aide aussi à améliorer
nos relations avec la main-
d'oeuvre./ Oui, nous sommes à
même d'accepter vos commandes.

5 (*a*) Faux (*b*) Faux (*c*) Faux
(*d*) Faux (*e*) Vrai.
6 (*a*) Notre lancement a eu des
conséquences notables dans le
marché français. (*b*) Nous avons
approuvé les comptes de l'exercice
1989 à la réunion. (*c*) Vous n'avez
pas vu les résultats évidemment.
(*d*) Ces chiffres sont vachement
bons! (*e*) Je n'ai rien vu à
l'exposition.
7 (*a*) On part ce soir/nous
partons ce soir. (*b*) Ils reviennent
à cette foire tous les ans. (*c*) Je ne
connais pas cet homme-là. Qui est-
ce? (*d*) Il ne se souvient pas de
mon nom. (*e*) La lettre que j'ai
écrite la semaine dernière est
toujours sur mon bureau!
8 (*a*) Nous avons voulu prendre
contact avec ces clients hier. (*b*) Il
a dû venir me chercher à la gare
hier. (*c*) Vous avez pris vos valises
hier? (*d*) On a mis beaucoup de
temps pour venir ici hier? (*e*) Il a
reçu une somme considérable hier.
9 (*a*) Knowing your competition.
(*b*) It is always on the lookout for
its competitors' slightest flaws in
order to increase its market share
or launch new products. (*c*) Price,
convenience, fashion, technology.
(*d*) Plastic replacing glass and
metal. (*e*) The supplier of
substitute products.

8

1 (*a*) Non, il y est allé hier.
(*b*) Non, on y est allé hier.
(*c*) Non, ils y sont allés hier.
(*d*) Non, j'y suis allé hier.
(*e*) Non, elle y est allée hier.

2 (*a*) qui (*b*) qui (*c*) qu' (*d*) qui (*e*) qui.

3 (*a*) en (*b*) des (*c*) de (*d*) au (*e*) dans.

4 Notre usine est située à proximité de toutes les voies de communication et nos chauffeurs sont très expérimentés en ce qui concerne les formalités douanières./ Nous préparons une brochure pour le marché français. Nous avons identifié tous les points de vente stratégiques dans toutes les grandes villes de France./ Nous avons nommé un agent de relations publiques et nous allons réserver un stand à la foire, au mois d'octobre. Avez-vous reçu notre tarif?/ L'ensemble des avantages que nous offrons rend nos prix très raisonnables. Mais je voudrais connaître l'étendue de vos exigences avant de poursuivre la discussion concernant les prix.

5 (*a*) croissance (*b*) volume des ventes (*c*) étude (*d*) décollage (*e*) déclin.

6 (*a*) Je finirai mon travail demain. (*b*) Il vendra tous ses articles demain. (*c*) Le rapport sera prêt demain. (*d*) Il faudra changer de direction demain. (*e*) Ils auront rendez-vous avec le directeur demain.

7 (*a*) Le courrier que j'ai envoyé hier n'est pas encore arrivé. (*b*) Ils recevront tous les dépliants demain matin. (*c*) Elle est arrivée tôt ce matin. (*d*) Je me suis renseigné sur les prix. (*e*) Il ne s'est pas montré coopératif.

8 (*a*) J'irai dans tous les pays de la CEE. (*b*) Je présenterai notre gamme de produits. (*c*) Je recevrai des clients Japonais en Angleterre fin juin. (*d*) J'enverrai des échantillons aux clients intéressés. (*e*) Je serai aux Etats Unis à Pâques.

9

1 (*a*) Il l'y a expédiée la semaine dernière. (*b*) Nous le leur prêterons demain. (*c*) Vous vous en êtes servi hier, pour la première fois. (*d*) Je l'y récupérai dans une heure. (*e*) Apportez-le-lui tout de suite!

2 (*a*) une vente (*b*) une ouverture (*c*) une croissance (*d*) un représentant (*e*) une fin (*f*) un choix (*g*) un accueil (*h*) une préférence (*i*) une exigence.

3 (*a*) Il pourrait acheter ce produit. (*b*) Au cas où vous voudriez vendre votre entreprise, il faudrait contacter Monsieur Cordo. (*c*) J'aimerais attirer votre attention sur ce catalogue. (*d*) On pourrait payer sous huitaine. (*e*) Il vaudrait mieux payer au comptant.

4 Nous pouvons vous accorder l'ouverture d'un compte ouvert, sous réserve de références bancaires satisfaisantes. En Angleterre, les règlements s'effectuent à 30 jours de date./ Il y a un escompte de 2% pour tous les règlements sous huitaine. Cependant, nous nous réservons le droit de renégocier nos prix au cas où le taux de change varierait de plus de 3%./ Nous

offrons une garantie d'un an et nous nous engageons à remédier à tout vice de fonctionnement provenant d'un défaut dans la conception, les matières ou l'exécution.
5 For the attention of Mr G. Crowther. Thank you for your letter of 19.10.89. We would like to place a trial order for 100 cast-iron casserole dishes, colour blue, ref. 843. Can you dispatch this week? Best wishes.
6 (*a*) Aucun délai n'est accepté. (*b*) Personne n'a téléphoné cet après-midi. (*c*) Il n'a nul besoin de les contacter. (*d*) Je ne suis plus représentant, je suis à la retraite. (*e*) Je ne suis guère à la maison en ce moment.
7 (*a*) Pourquoi est-ce que vous n'achetez que des produits japonais? (*b*) Pourquoi est-ce que vous ne recevez que des hebdomadaires américains? (*c*) Pourquoi est-ce que vous ne voyagez qu'en Europe? (*d*) Pourquoi est-ce que vous n'importez que des ustensiles de cuisine allemands? (*e*) Pourquoi est-ce que vous ne parlez que l'anglais?

10

1 (*a*) posais, posions (*b*) vendais, vendions (*c*) choisissais, choisissions (*d*) voyais, voyions (*e*) étais, étions (*f*) recevais, recevions (*g*) mettais, mettions

(*h*) devais, devions (*i*) connaissais, connaissions (*j*) apprenais, apprenions (*k*) avais, avions (*l*) vivais, vivions (*m*) lisais, lisions (*n*) buvais, buvions (*o*) disais, disions (*p*) ouvrais, ouvrions (*q*) entendais, entendions (*r*) croyais, croyions (*s*) voulais, voulions (*t*) allais, allions.
2 (*a*) étiez, faisais (*b*) passions (*c*) pouvions (*d*) accordiez (*e*) finissait.
3 Pensez-vous que nous pourrions faire affaire ensemble?/ Attendez, j'y viens. Prenons comme exemple le modèle 2341: son prix est fixé à 455 FF CAF et il faut régler à réception de la facture./ Absolument. Nous offrons une remise de 15% sur les commandes de 200 unités, et nous vous accordons de surcroît une prime de 3,5% si votre chiffre d'affaires dépasse les 3 millions de FF la première année.
4 (*a*) Oui, mais lequel? (*b*) Oui, mais laquelle? (*c*) Oui, mais lesquels? (*d*) Oui, mais lesquelles? (*e*) Oui, mais lequel?
5 (*a*) Ce qui, ce que, ce que (*b*) ce que (*c*) ce qui (*d*) ce qui (*e*) ce qui.
6 (*a*) Non, ils sont incalculables. (*b*) Non, il est inévitable. (*c*) Non, il est immangeable. (*d*) Non, ils sont invendables. (*e*) Non, elle est impardonnable.
7 (*a*) Il aime ce magazine; moi, je préfère celui-là. (*b*) Cette voiture est à vous? Non, pas celle-ci, celle-là. (*c*) Actuellement les routes sont dangereuses, surtout celles-ci. (*d*) Prenez ces dépliants! Ceux-ci?

Non, ceux-là! (*e*) Utilisez cette photocopieuse! Celle-ci? Non, pas celle-là, l'autre, là-bas!

8 (*a*) Nous achèterions vos produits si nous avions assez d'argent. (*b*) Tu serais comblé si seulement tu pouvais obtenir ce contrat. (*c*) Ce qui m'intéresse, c'est le prix que vous allez me proposer. (*d*) Elle nous parlait de sa compagnie quand elle a été interrompue par sa secrétaire. (*e*) La prime augmenterait aussi, dans l'hypothèse où vous aimeriez augmenter la garantie.

11

1 (*a*) Je vais chercher le café dont nous avons bien besoin. (*b*) Il va vous exposer les avantages de ce contrat dont vous bénéficierez tout de suite. (*c*) Les secrétaires craignent leur chef de bureau dont elles redoutent le mauvais caractère. (*d*) Nous n'aimons pas ce produit dont l'emballage laisse à désirer. (*e*) Va voir cet homme dont je te parlais hier.

2 (*a*) Nous ferons ce rapport nous-mêmes. (*b*) Il va chez lui demain. (*c*) Moi, je refuse catégoriquement d'intercéder en sa faveur. (*d*) Faites cela! Non, pas vous. Lui! (*e*) Elle l'a fait pour eux.

3 Bonjour, mademoiselle. Pouvez-vous me passer Monsieur Kessler s'il vous plaît?/ De [*your name*], de la Compagnie [*name of the company*] à [*location*]./ Ah bon. Est-ce que je peux lui laisser un message?/ Bon. Eh bien, dites-lui qu'il me rappelle, au numéro [*telephone number*]./ Merci, mademoiselle. Au revoir.

4 (*a*) Après avoir téléphoné au directeur, il a rédigé son rapport. (*b*) Après être passée me voir au bureau, elle est repartie mais j'ignore où. (*c*) Après s'être donné rendez-vous au restaurant, ils se sont quittés. (*d*) Après avoir passé notre dernier examen hier, nous avons fait la fête! (*e*) Après être entrées dans la salle de conférences, elles ont pris la parole chacune à leur tour.

5 (*a*) Alphabetical; Street by Street; Professional. (*b*) Wait for the dialling tone, dial 19 and again wait for the tone, dial the country code (44 for UK) followed by the area code (omit the 0) and the customer's number. (*c*) Between 11 p.m. and 6 a.m. (*d*) 36.65.02.02 (*e*) 36.88.

6 (*a*) Je voudrais le 45 82 64 59, s'il vous plaît. (*b*) La ligne est très mauvaise. (*c*) Vous m'avez donné un faux numéro. (*d*) Pouvez-vous me passer Madame Le Bras, s'il vous plaît? (*e*) Est-ce que je peux lui laisser un message?

8 (*a*) quatre-vingt-quinze; cinquante-quatre; zéro sept; quatorze. (*b*) trente-deux; quatre-vingt-huit; quarante et un; soixante-seize. (*c*) sept cent vingt-trois; trente-trois; soixante-deux. (*d*) trois cent quatre-vingt-neuf; soixante et un, vingt-sept. (*e*) trois cent cinquante-neuf; cinquante-cinq; quatre-vingt-onze.

12

1 (*a*) Les Canadiens adorent le sport. Moi, j'adore la cuisine canadienne. (*b*) Les Russes adorent le sport. Moi, j'adore la cuisine russe. (*c*) Les Japonais adorent le sport. Moi, j'adore la cuisine japonaise. (*d*) Les Hollandais adorent le sport. Moi, j'adore la cuisine hollandaise. (*e*) Les Danois adorent le sport. Moi, j'adore la cuisine danoise. (*f*) Les Gallois adorent le sport. Moi, j'adore la cuisine galloise. (*g*) Les Irlandais adorent le sport. Moi, j'adore la cuisine irlandaise. (*h*) Les Américains adorent le sport. Moi, j'adore la cuisine américaine. (*i*) Les Chinois adorent le sport. Moi, j'adore la cuisine chinoise. (*j*) Les Portugais adorent le sport. Moi, j'adore la cuisine portugaise.
2 (*a*) Quand elle avait téléphoné à son chef, elle a quitté le bureau. (*b*) Quand nous étions arrivés à Bordeaux, nous avons visité leur usine. (*c*) Quand je m'étais renseigné sur les fournisseurs, je me suis mis en route. (*d*) Quand ils avaient fini leur repas, ils se sont couchés. (*e*) Quand il était sorti, il s'est dirigé vers la gare.
3 (*a*) celle (*b*) celui (*c*) celle (*d*) celui, celui (*e*) ceux.
4 A l'attention de Monsieur Jospin. Monsieur, Nous avons le

plaisir de confirmer notre commande de 1 500 unités, au prix convenu précédemment de 15 000 FF FOB Le Havre, des emballages suivants:
Dimensions:
150cms × 75cms × 250cms.
Matière première: Carton.
Impression: Fournisseur: (Nom et adresse de votre compagnie).
Nous confirmons aussi que nous effectuerons les règlements par traite à 60 jours fin de mois.
Nous vous prions de bien vouloir nous envoyer un télex dès que les marchandises seront expédiées. Avec nos remerciements anticipés, nous vous prions de croire, monsieur, à l'assurance de nos meilleurs sentiments.
5 (*a*) Could you put me through to Monsieur Jospin, please? (*b*) The secretary should have/ought to have contacted them yesterday. (*c*) There should not be any drop in earnings per share for this year. (*d*) He is to arrive at Roissy at about 6 p.m. (*e*) They could have visited the fair this time!
6 (*a*) Wages freeze in 1982. (*b*) Still moving more slowly. (*c*) UK, USA, West Germany, Japan. (*d*) They are more competitive now. (*e*) labour, these/the latter, clearly.
7 (*a*) Non, mais il devrait les trouver aussitôt que possible. (*b*) Non, mais elle devrait lui parler aussitôt que possible. (*c*) Non, mais ils devraient la préparer aussitôt que possible.

(*d*) Non, mais je devrais lui téléphoner aussitôt que possible. (*e*) Non, mais on devrait la fixer aussitôt que possible.

13

1 (*a*) Je voudrais que vous leur choisissiez un bon hôtel. (*b*) Je voudrais que vous nous attendiez quelques minutes. (*c*) Je voudrais que vous m'indiquiez son nom et son adresse. (*d*) Je voudrais que vous preniez cette proposition en considération. (*e*) Je voudrais que vous écriviez à ce client immédiatement.

2 (*a*) survienne (*b*) puissions (*c*) fassions (*d*) employions (*e*) sachent (*f*) dise (*g*) faille (*h*) comprenne (*i*) soit (*j*) puisse.

3 Vraiment? Je suis désolé. Je vais faire le nécessaire pour que les marchandises soient remplacées dans les plus brefs délais./ C'est la première fois que j'entends parler de tels problèmes, mais je vais prendre des mesures pour que cela ne se reproduise plus à l'avenir. Etes-vous satisfait, dans l'ensemble, de notre collaboration?

4 (*a*) Non, je ne crois pas qu'elle soit payable avant Pâques.
(*b*) Non, je ne crois pas qu'elles soient discutables avant Pâques.
(*c*) Non, je ne crois pas qu'ils soient trouvables avant Pâques.
(*d*) Non, je ne crois pas qu'elles soient livrables avant Pâques.
(*e*) Non, je ne crois pas qu'elle soit prenable avant Pâques.

5 (*a*) Nous venons de prendre livraison des articles figurant sur notre commande no 3425.
(*b*) Nous allons faire le nécessaire, pour que les marchandises soient remplacées. (*c*) Nous voudrions que vous signiez le contrat sous peu. (*d*) C'est la première fois que nous entendons parler d'un tel problème. (*e*) Je regrette que vous ne puissiez pas rester un peu plus longtemps.

6 Monsieur, Nous accusons réception de votre lettre du 4 mai, et nous vous prions de bien vouloir excuser ce retard de livraison. Par suite d'une demande inattendue de nos produits, nous n'avons pas pu respecter les dates de livraison. Mais nous pouvons vous assurer que nous venons d'expédier votre commande. Veuillez agréer, monsieur, l'expression de nos meilleurs sentiments.

7 (*a*) Vous permettez que je fume? (*b*) Vous permettez que je ferme la fenêtre? (*c*) Vous permettez que j'organise une réunion? (*d*) Vous permettez que j'aille à la cantine? (*e*) Vous permettez que je fasse une liste des clients?

14

1 (*a*) Quand il mesurera l'enjeu de cette affaire, il parviendra à ses fins. (*b*) Quand nous nous déciderons à partir, j'achèterai les billets moi-même. (*c*) Quand il saura ce qu'il fait, on lui accordera notre confiance. (*d*) Quand vous irez dans ce restaurant, vous ne serez pas déçu. (*e*) Quand tu verras le directeur, tu lui diras que je reviens bientôt.

2 (*a*) Il me téléphonera afin que nous parlions affaires. (*b*) Nous allons essayer d'aller voir ce spectacle demain bien qu'il faille normalement retenir longtemps à l'avance. (*c*) Je ne vois pas d'autre solution à moins que vous ne fassiez des concessions à votre concurrent. (*d*) Peu importe le moyen de locomotion qu'il prendra pourvu qu'il y aille. (*e*) Je le lui ferai répéter jusqu'à ce qu'il le sache par coeur.

3 Que prenez-vous comme hors d'oeuvre, Michèle-Catherine?/ Et vous, Charles-Hubert, vous avez fait votre choix?/Et pour moi, le saumon fumé aussi./ Eh bien, je crois que le magret de canard au vinaigre de framboises nous conviendra tout à fait. Qu'est-ce que vous nous conseillez comme vins?/ C'est parfait./ C'est vrai, ce restaurant est à la hauteur de sa réputation./ L'addition, s'il vous plaît.

4 (*a*) Nous voulons que vous écriviez votre nom et votre adresse. (*b*) Il regrette que vous partiez. (*c*) Je ne crois pas qu'il soit malhonnête. (*d*) C'est dommage qu'on ne puisse pas le voir demain. (*e*) J'ai peur que vous n'ayez pas le temps de tout faire.

Comprehension 1 (*a*) White coffee or tea or hot chocolate with bread and butter or toast. A third of the French only have a hot drink. (*b*) A sandwich or one hot dish. (*c*) A snack at tea-time for school children, and a morning snack for some workers. (*d*) They are subsidised. (*e*) They are looked down on.

Comprehension 2 (*a*) Rigorous selection, a very high level syllabus, continuous updating of teaching, access to industry. (*b*) By means of grants or bank loans. (*c*) Because of the high rate of re-sits. (*d*) Good first year results, or by competitive exam. (*e*) Because entry is so competitive; enrol at a university.

5 (*a*) Oui, mais bien que la campagne soit plus tranquille que la ville, je préfère la ville. (*b*) Oui, mais bien que le cinéma soit moins cher que le théâtre, je préfère le théâtre. (*c*) Oui, mais bien que le bourgogne soit plus lourd que le bordeaux, je préfère le bordeaux. (*d*) Oui, mais bien que le jogging soit plus sain que la lecture, je préfère la lecture. (*e*) Oui, mais bien que le train soit plus sûr que l'avion, je préfère l'avion.

6 (*a*) Organisation des Nations Unies (United Nations Organisation – UN). (*b*) Parti Communiste. (*c*) Communauté Economique Européenne (EEC). (*d*) Fonds Monétaire International (International Monetary Fund – IMF). (*e*) Confédération Générale du Travail. (*f*) (Ecole des) Hautes Etudes Commerciales. (*g*) Union des Républiques Socialistes Soviétiques (USSR). (*h*) Electricité

de France. (*i*) Président-Directeur
Général. (*j*) Habitation à loyer
modéré (equivalent to council flat).

15

1 (*a*) J'apprends le français
depuis . . . . . . (*b*) J'habite dans
ma maison depuis . . . (*c*) Je
travaille dans ce business
depuis . . . (*d*) Je suivais des cours
de français à l'école depuis . . . . . .
(*e*) Je suis dans le business
depuis . . .
2 (*a*) huit cent soixante-deux;
vingt-deux; quatre-vingts. (*b*) cinq
cent trente-cinq; soixante et un;
zéro zéro (*c*) zéro soixante-treize;
quarante-neuf; vingt et un.
(*d*) cinq cent cinquante-cinq;
cinquante-quatre; quatre-vingt-dix-
neuf. (*e*) deux cent soixante;
trente-cinq; quatre-vingt-dix.
3 Non, je voudrais nommer un
agent qui serait chargé d'étendre
notre marché au Maroc. On m'a
dit que vous connaissiez bien notre
secteur./ En ce cas, seriez-vous
disposé à devenir notre agent au
Maroc?/ Il s'agit d'un contrat
d'agent commercial, où une
commission de 5% serait allouée.
On pourrait examiner les clauses
principales après une petite pause-
café.
4 FAO Mr Mitchell Thank you
for your letter of 24 June. We
suggest a meeting in your office on
July 2nd or 3rd. Please send
immediate reply. Best wishes.
5 (*a*) la nouveauté (*b*) la

difficulté (*c*) la nécessité (*d*) la
longueur (*e*) l'égalité (*f*) la
précision (*g*) l'intérêt (*h*) la
croissance (*i*) le bonheur (*j*) la
réduction.
6 A l'attention de M. Hennard.
Merci de votre telex du 26 juin.
Nous proposons rendez-vous ici le
2 juillet à 09h.30. Sincères
salutations.
7 (*a*) Ça suffit. (*b*) C'est exact.
(*c*) C'est impossible. (*d*) Vous êtes
bien aimable. (*e*) Pas de problème.
(*f*) C'est-à-dire. (*g*) Qu'est-ce que
c'est que ça? (*h*) Je suis bien chez
Monsieur Balard? (*i*) Qui est-ce?
(*j*) Que voulez-vous dire par là?

16

1 (*a*) dans (*b*) en (*c*) pour
(*d*) pendant (*e*) pendant.
2 (*a*) Three men were arrested in
Chateauroux this morning.
(*b*) Chablis is drunk very cold.
(*c*) It's well-known that the English
eat to live. (*d*) He was asked for
his passport. (*e*) You are
mistaken, sir.
3 Je voudrais que le projet se
concrétise aussitôt que possible./
Je vous remercie. L'usine doit être
située à proximité des grands axes
routiers, ferroviaires et aériens.
Quant à la superficie, l'usine
couvrira initialement 4 000 m^2./
Oui. Bien que j'aie déjà fait dresser
quelques plans, il faut régler encore
bien des détails./ Oui, mais j'ai
l'intention de faire venir la plupart
de l'équipement d'Angleterre. En ce

qui concerne le personnel, j'aurai besoin d'une cinquantaine d'employés, que nous formerons nous-mêmes. Il y a beaucoup à faire (nous allons avoir du pain sur la planche) car l'usine doit tourner à plein rendement dans les douze mois qui viennent.

4 (*a*) Elle sera transmise aussi. (*b*) Il sera fait aussi. (*c*) Il sera annulé aussi. (*d*) Elle sera ouverte aussi. (*e*) Elles seront concrétisées aussi.

5 Export manager for subsidiary of international group: large firm in Eastern France, with 1,000 employees. Market leader in mechanical systems for building industry. Nearly half the turnover comes from worldwide exports. The export manager must be a leader, able to organise his team of area managers and their assistants in order to reach planned targets on international markets. Must be true export professional, able to mastermind his network and increase company's marketing drive. He will answer to MD. This key post will only suit a seasoned manager with a technical education to enable him to master product range. Must have German and English, while Spanish would also be an advantage. Location: north-east of Strasbourg.

6 des / les / d'affaires / personnes / sociétés / venons / cause / gouvernement / sont / pays / augmenter / pendant / à / nous / marché.

7 (*a*) quinze pour cent (*b*) trois cent cinquante francs (*c*) cent quatre-vingt-trois à deux cent vingt-deux francs (*d*) deux virgule cinq (*e*) trois nuits à deux cent cinquante francs, cela fait sept cent cinquante francs (*f*) quatorze heures vingt-cinq (*g*) vingt heures trente (*h*) cinquante-deux; zéro neuf; quatre-vingt-quatre; quatre-vingt-treize (*i*) vingt et un; soixante-huit; soixante-quinze; zéro trois (*j*) mille neuf cent quatre-vingt-quinze.

8 (*a*) Consumer goods (*b*) Raw materials (*c*) Drinks and tobacco (*d*) Chemical products (*e*) Produits alimentaires.

17

Première partie
1 The agricultural sector has greatly declined.
2 The service sector.
3 Small and medium-sized businesses.
4 The small businessman and the family firm are still very important in France.
5 They are not visibly industrialised.

Deuxième partie
1 L'agriculture.
2 Dans la Franche-Comté, le Nord-Pas-de-Calais et l'Alsace-Lorraine.
3 2 millions.
4 A cause de la crise industrielle du textile, de la sidérurgie et de la houille.
5 Dans la région parisienne.

18

Première partie
1 Sa profession, son standing, son cadre de vie et ses goûts propres.
2 Non, elle travaille à mi-temps.
3 Ils n'ont pas d'école.
4 Elle doit déposer les enfants.
5 Au restaurant de l'entreprise.
6 Vers huit heures, huit heures et demie.
7 Les enfants ont école, les parents ont du temps libre.
8 Non, c'est le jour de la grasse matinée.
9 A l'église.
10 Les grands-parents ou des amis de longue date.

Deuxième partie
1 Aix-en-Provence.
2 He and his wife had a 'second honeymoon' in Venice at the end of October.
3 He and his family are having a fortnight's skiing in Courchevel with a group of friends.
4 They prefer to take a longer holiday in the summer.
5 It costs a fortune but he has always dreamt of going there. His wife will have a real holiday and the children are very keen to do some underwater fishing.

19

Première partie
1 The development of paid employment for women.

2 One third.
3 The socio-economic grouping of the married couple.
4 They used their career to make a good marriage; the good marriage has led them to take less interest in a career.
5 How the number of children influenced the decision to carry on working and the effect of family allowances.

Deuxième partie
1 Elle a fait HEC à Paris après avoir obtenu son bac.
2 Il participe aux tâches ménagères et à l'éducation des enfants.
3 Une femme au foyer peut consacrer plus de temps à sa famille.
4 Elle veut satisfaire des ambitions personnelles.
5 Le soutien actif de son mari.

20

Première partie
1 Du dix-neuvième siècle.
2 A cause d'une scolarisation accrue.
3 En même temps, sphère d'influence, des gens qui parlent espagnol, augmentée, renouveau.
4 L'arabe.
5 En Afrique, à Madagascar et aux îles Mascareignes.

Deuxième partie
1 It should move on from the intellectual stage to being a force

for activity outside the two countries.
2 North West Africa: Morocco, Algeria, Tunisia.
3 Morocco is not wealthy enough.
4 To be enriched by foreign cultures.
5 'des passerelles de communication' – gangways or links in communication.

21

Première partie
1 About 40 years.
2 Very small French banks and foreign banks.
3 Support businesses in temporary difficulty, make risk investment easier.
4 Profitability.
5 Four.

Deuxième partie
1 To promote the development of the business community and hence to support the economy of the region.
2 S/he should be accessible.
2 S/he should consult several banks.
4 They can use this knowledge to obtain more favourable terms.
5 It will lead to more companies grouping together.

22

Première partie
1 At the end of the 16th century, in the ports.

2 They became Chambers of Commerce and Industry by decree.
3 Every three years.
4 It acts at national level and coordinates initiatives.
5 To contribute by all legal means to the economic development of their area.
6 Airports, ports, road transport centres.
7 They help develop and equip them.
8 They run numerous professional and training bodies.
9 To make available to businesses any information which can help them adapt to the continually changing environment.
10 They will be playing an essential role in preparing businesses for the Single Market in 1993 (i.e. 1992).

Deuxième partie
1 Plus de 600.
2 Une chambre peut posséder des écoles, des grues et des ferry-boats, gérer des bourses de commerces, des aéroports et des banques de données, former des apprentis-vendeurs, des ingénieurs chimistes et des guides de haute-montagne, construire des bâtiments industriels, des téléphériques et des halls de foire.
3 Soit d'une taxe parafiscale, soit des redevances pour certains services rendus par les Chambres, soit de certaines subventions.
4 Vrai.
5 La promotion d'une meilleure connaissance des mécanismes, des

politiques et des instruments financiers de la Communauté, et la promotion de la coopération entre les Chambres européennes.

23

Première partie
1 A cause de ses touches de fonction en langage clair.
2 Sur une prise téléphonique et sur une prise de courant 220 V.
3 Les fonctions d'un poste téléphonique moderne.
4 Les consultations des banques de données.
5 la banque de données, l'informatique, la puce, l'imprimante, le clavier, l'écran, le graphisme.

Deuxième partie
1 Rail transport.
2 The distance to be travelled, the required speed, the weight of the goods and the nature of the goods.
3 véhicules, selon, le long de, en revanche, en vrac.
4 Heavy bulk material.
5 Heavy highly specialised products used in the chemical and metallurgical industries and manufactured goods of high added value.

24

Première partie
1 Les 'événements' (student uprisings and a general strike).
2 La deuxième guerre mondiale, la guerre d'Indochine, la guerre d'Algérie.
3 Le redémarrage économique.
4 En 1987 ils ont commémoré le millénaire de l'avènement des Capétiens rassembleurs. En 1989 ils ont commémoré la Révolution.
5 ancêtres, chocs, pour l'instant, foncier, différents.

Deuxième partie
1 That it is a great economic power, the Japan of Europe.
2 The Germans have a love-hate attitude towards the French, whilst the French are largely indifferent to the Germans.
3 That they are arrogant, annoying, frivolous.
4 Because they have centuries of history behind them.
5 They want to have a role in the world's future as they had in the past. Their importance in tomorrow's Europe is one way of channelling this desire, but Giroud is not sure whether this will suffice.

A reference list of useful phrases

That's right.	C'est ça, c'est exact.
I'd like to . . .	Je voudrais . . .
Could I . . .?	(Est-ce que) je pourrais?
Could you . . .?	Pourriez-vous . . .?
May I . . .?	Puis-je . . .?
What sort of . . . are there?	Qu'est-ce qu'il y a comme . . .?
How much do I owe you?	Je vous dois combien?
That's very kind of you.	Vous êtes bien aimable.
May I introduce . . .	Permettez-moi de vous présenter . . .
	Je vous présente . . .
Pleased to meet you	⎧ Très heureux/heureuse de faire votre
	⎨ connaissance.
	⎩ Enchanté!
I think so.	Je crois que oui.
I don't think so.	Je crois que non.
I am interested in . . .	Je m'intéresse à . . .
Do you mind if . . .?	Est-ce que cela vous dérange si . . .?
I am sorry, but . . .	Je regrette, mais . . .
That suits me.	Ça me convient.
That's fine.	C'est parfait.
Thank you for . . .	Je vous remercie de . . .
I'm coming to that.	J'y viens.
Could you repeat that?	Vous pouvez répéter?
You did say . . .?	Vous avez bien dit . . .?
I'll repeat that.	Alors, je répète.
I agree.	Je suis d'accord.
I'd like your advice about . . .	Je voudrais vous demander votre avis
	sur . . .
In my opinion . . .	A mon avis . . .
Don't hesitate to . . .	N'hésitez pas à . . .
How do I go about . . ?	Comment dois-je faire pour . . .?
I entirely agree.	Je suis tout à fait d'accord.
I really don't agree.	Je ne suis pas du tout d'accord.
No, not necessarily.	Non, pas forcément.
Welcome to . . .	Bienvenue en/à . . .

Verb tables

Regular verbs

Present	Imperfect	Future	Conditional	Perfect	Subjunctive	Imperative
parler *to speak*						
je parle	parlais	parlerai	parlerais	ai parlé	parle	
tu parles	parlais	parleras	parlerais	as parlé	parles	parle
il/elle/on parle	parlait	parlera	parlerait	a parlé	parle	
nous parlons	parlions	parlerons	parlerions	avons parlé	parlions	parlons
vous parlez	parliez	parlerez	parleriez	avez parlé	parliez	parlez
ils/elles parlent	parlaient	parleront	parleraient	ont parlé	parlent	
remplir *to fill*						
je remplis	remplissais	remplirai	remplirais	ai rempli	remplisse	
tu remplis	remplissais	rempliras	remplirais	as rempli	remplisses	remplis
il/elle/on remplit	remplissait	remplira	remplirait	a rempli	remplisse	
nous remplissons	remplissions	remplirons	remplirions	avons rempli	remplissions	remplissons
vous remplissez	remplissiez	remplirez	rempliriez	avez rempli	remplissiez	remplissez
iles/elles remplissent	remplissaient	rempliront	rempliraient	ont rempli	remplissent	
vendre *to sell*						
je vends	vendais	vendrai	vendrais	ai vendu	vende	
tu vends	vendais	vendras	vendrais	as vendu	vendes	vends
il/elle/on vend	vendait	vendra	vendrait	a vendu	vende	
nous vendons	vendions	vendrons	vendrions	avons vendu	vendions	vendons
vous vendez	vendiez	vendrez	vendriez	avez vendu	vendiez	vendez
ils/elles vendent	vendaient	vendront	vendraient	ont vendu	vendent	

Irregular verbs

aller *to go*

	Imperfect	Future	Conditional	Perfect	Subjunctive	Imperative
je vais	allais	irai	irais	suis allé	aille	
tu vas	allais	iras	irais	es allé	ailles	va
il/elle va	allait	ira	irait	est allé	aille	
nous allons	allions	irons	irions	sommes allés	allions	allons
vous allez	alliez	irez	iriez	êtes allé(s)	alliez	allez
ils/elles vont	allaient	iront	iraient	sont allés	aillent	

avoir *to have*

	Imperfect	Future	Conditional	Perfect	Subjunctive	Imperative
j'ai	avais	aurai	aurais	ai eu	aie	
tu as	avais	auras	aurais	as eu	aies	aie
il/elle a	avait	aura	aurait	a eu	ait	
nous avons	avions	aurons	aurions	avons eu	ayons	ayons
vous avez	aviez	aurez	auriez	avez eu	ayez	ayez
ils/elles ont	avaient	auront	auraient	ont eu	aient	

boire *to drink*

	Imperfect	Future	Conditional	Perfect	Subjunctive	Imperative
je bois	buvais	boirai	boirais	ai bu	boive	
tu bois	buvais	boiras	boirais	as bu	boives	bois
il/elle boit	buvait	boira	boirait	a bu	boive	
nous buvons	buvions	boirons	boirions	avons bu	buvions	buvons
vous buvez	buviez	boirez	boiriez	avez bu	buviez	buvez
ils/elles boivent	buvaient	boiront	boiraient	ont bu	boivent	

conduire *to drive*

	Imperfect	Future	Conditional	Perfect	Subjunctive	Imperative
je conduis	conduisais	conduirai	conduirais	ai conduit	conduise	
tu conduis	conduisais	conduiras	conduirais	as conduit	conduises	conduis

Present	Imperfect	Future	Conditional	Perfect	Subjunctive	Imperative
il/elle conduit	conduisait	conduira	conduirait	a conduit	conduise	
nous conduisons	conduisions	conduirons	conduirions	avons conduit	conduisions	conduisons
vous conduisez	conduisiez	conduirez	conduiriez	avez conduit	conduisiez	conduisez
ile/elles conduisent	conduisaient	conduiront	conduiraient	ont conduit	conduisent	

connaître *to know*

Present	Imperfect	Future	Conditional	Perfect	Subjunctive	Imperative
je connais	connaissais	connaîtrai	connaîtrais	ai connu	connaisse	
tu connais	connaissais	connaîtras	connaîtrais	as connu	connaisses	connais
il/elle connaît	connaissait	connaîtra	connaîtrait	a connu	connaisse	
nous connaissons	connaissions	connaîtrons	connaîtrions	avons connu	connaissions	connaissons
vous connaissez	connaissiez	connaîtrez	connaîtriez	avez connu	connaissiez	connaissez
ils/elles connaissent	connaissaient	connaîtront	connaîtraient	ont connu	connaissent	

croire *to believe*

Present	Imperfect	Future	Conditional	Perfect	Subjunctive	Imperative
je crois	croyais	croirai	croirais	ai cru	croie	
tu crois	croyais	croiras	croirais	as cru	croies	crois
il/elle croit	croyait	croira	croirait	a cru	croie	
nous croyons	croyions	croirons	croirions	avons cru	croyions	croyons
vous croyez	croyiez	croirez	croiriez	avez cru	croyiez	croyez
ils/elles croient	croyaient	croiront	croiraient	ont cru	croient	

craindre *to fear*

Present	Imperfect	Future	Conditional	Perfect	Subjunctive	Imperative
je crains	craignais	craindrai	craindrais	ai craint	craigne	
tu crains	craignais	craindras	craindrais	as craint	craignes	crains
il/elle craint	craignait	craindra	craindrait	a craint	craigne	
nous craignons	craignions	craindrons	craindrions	avons craint	craignions	craignons
vous craignez	craigniez	craindrez	craindriez	avez craint	craigniez	craignez
ils/elles craignent	craignaient	craindront	craindraient	ont craint	craignent	

devoir *to have to, to owe*

	Imperfect	Future	Conditional	Perfect	Subjunctive	Imperative
je dois	devais	devrai	devrais	ai dû	doive	
tu dois	devais	devras	devrais	as dû	doives	dois
il/elle doit	devait	devra	devrait	a dû	doive	
nous devons	devions	devrons	devrions	avons dû	devions	devons
vous devez	deviez	devrez	devriez	avez dû	deviez	devez
ils/elles doivent	devaient	devront	devraient	ont dû	doivent	

dire *to say*

	Imperfect	Future	Conditional	Perfect	Subjunctive	Imperative
je dis	disais	dirai	dirais	ai dit	dise	
tu dis	disais	diras	dirais	as dit	dises	dis
il/elle dit	disait	dira	dirait	a dit	dise	
nous disons	disions	dirons	dirions	avons dit	disions	disons
vous dites	disiez	direz	diriez	avez dit	disiez	dites
ils/elles disent	disaient	diront	diraient	ont dit	disent	

écrire *to write*

	Imperfect	Future	Conditional	Perfect	Subjunctive	Imperative
j'écris	écrivais	écrirai	écrirais	ai écrit	écrive	
tu écris	écrivais	écriras	écrirais	as écrit	écrives	écris
il/elle écrit	écrivait	écrira	écrirait	a écrit	écrive	
nous écrivons	écrivions	écrirons	écririons	avons écrit	écrivions	écrivons
vous écrivez	écriviez	écrirez	écririez	avez écrit	écriviez	écrivez
ils/elles écrivent	écrivaient	écriront	écriraient	ont écrit	écrivent	

envoyer *to send*

	Imperfect	Future	Conditional	Perfect	Subjunctive	Imperative
j'envoie	envoyais	enverrai	enverrais	ai envoyé	envoie	
tu envoies	envoyais	enverras	enverrais	as envoyé	envoies	envoie
il/elle envoie	envoyait	enverra	enverrait	a envoyé	envoie	
nous envoyons	envoyions	enverrons	enverrions	avons envoyé	envoyions	envoyons

	Present	Imperfect	Future	Conditional	Perfect	Subjunctive	Imperative
vous envoyez		envoyiez	enverrez	enverriez	avez envoyé	envoyiez	envoyez
ils/elles envoient		envoyaient	enverront	enverraient	ont envoyé	envoient	
être *to be*							
je suis		étais	serai	serais	ai été	sois	
tu es		étais	seras	serais	as été	sois	sois
il/elle est		était	sera	serait	a été	soit	
nous sommes		étions	serons	serions	avons été	soyons	soyons
vous êtes		étiez	serez	seriez	avez été	soyez	soyez
ils/elles sont		étaient	seront	seraient	ont été	soient	
faire *to do, to make*							
je fais		faisais	ferai	ferais	ai fait	fasse	
tu fais		faisais	feras	ferais	as fait	fasses	fais
il/elle fait		faisait	fera	ferait	a fait	fasse	
nous faisons		faisions	ferons	ferions	avons fait	fassions	faisons
vous faites		faisiez	ferez	feriez	avez fait	fassiez	faites
ils/elles font		faisaient	feront	feraient	ont fait	fassent	
falloir *to be necessary*							
il faut		il fallait	il faudra	il faudrait	il a fallu	il faille	
mettre *to put*							
je mets		mettais	mettrai	mettrais	ai mis	mette	
tu mets		mettais	mettras	mettrais	as mis	mettes	mets
il/elle met		mettait	mettra	mettrait	a mis	mette	
nous mettons		mettions	mettrons	mettrions	avons mis	mettions	mettons
vous mettez		mettiez	mettrez	mettriez	avez mis	mettiez	mettez
ils/elles mettent		mettaient	mettront	mettraient	ont mis	mettent	

ouvrir *to open*

j'ouvre	ouvrais	ouvrirai	ouvrirais	ai ouvert	ouvre	
tu ouvres	ouvrais	ouvriras	ouvrirais	as ouvert	ouvres	
il/elle ouvre	ouvrait	ouvrira	ouvrirait	a ouvert	ouvre	ouvre
nous ouvrons	ouvrions	ouvrirons	ouvririons	avons ouvert	ouvrions	ouvrons
vous ouvrez	ouvriez	ouvrirez	ouvririez	avez ouvert	ouvriez	ouvrez
ils/elles ouvrent	ouvraient	ouvriront	ouvriraient	ont ouvert	ouvrent	

pleuvoir *to rain*

il pleut	il pleuvait	il pleuvra	il pleuvrait	il a plu	il pleuve

pouvoir *to be able*

je peux *or* puis	pouvais	pourrai	pourrais	ai pu	puisse
tu peux	pouvais	pourras	pourrais	as pu	puisses
il/elle peut	pouvait	pourra	pourrait	a pu	puisse
nous pouvons	pouvions	pourrons	pourrions	avons pu	puissions
vous pouvez	pouviez	pourrez	pourriez	avez pu	puissiez
ils/elles peuvent	pouvaient	pourront	pourraient	ont pu	puissent

prendre *to take*

je prends	prenais	prendrai	prendrais	ai pris	prenne	
tu prends	prenais	prendras	prendrais	as pris	prennes	prends
il/elle prend	prenait	prendra	prendrait	a pris	prenne	
nous prenons	prenions	prendrons	prendrions	avons pris	prenions	prenons
vous prenez	preniez	prendrez	prendriez	avez pris	preniez	prenez
ils/elles prennent	prenaient	prendront	prendraient	ont pris	prennent	

recevoir *to receive*

je reçois	recevais	recevrai	recevrais	ai reçu	reçoive	reçois
tu reçois	recevais	recevras	recevrais	as reçu	reçoives	

Present	Imperfect	Future	Conditional	Perfect	Subjunctive	Imperative
il/elle reçoit	recevait	recevra	recevrait	a reçu	reçoive	
nous recevons	recevions	recevrons	recevrions	avons reçu	recevions	recevons
vous recevez	receviez	recevrez	recevriez	avez reçu	receviez	recevez
ils/elles reçoivent	recevaient	recevront	recevraient	ont reçu	reçoivent	
savoir *to know*						
je sais	savais	saurai	saurais	ai su	sache	
tu sais	savais	sauras	saurais	as su	saches	
il/elle sait	savait	saura	saurait	a su	sache	sache
nous savons	savions	saurons	saurions	avons su	sachions	sachons
vous savez	saviez	saurez	sauriez	avez su	sachiez	sachez
ils/elles savent	savaient	sauront	sauraient	ont su	sachent	
sortir *to go out*						
je sors	sortais	sortirai	sortirais	suis sorti	sorte	
tu sors	sortais	sortiras	sortirais	es sorti	sortes	
il/elle sort	sortait	sortira	sortirait	est sorti	sorte	sors
nous sortons	sortions	sortirons	sortirions	sommes sortis	sortions	sortons
vous sortez	sortiez	sortirez	sortiriez	êtes sorti(s)	sortiez	sortez
ils/elles sortent	sortaient	sortiront	sortiraient	sont sortis	sortent	
venir *to come*						
je viens	venais	viendrai	viendrais	suis venu	vienne	
tu viens	venais	viendras	viendrais	es venu	viennes	
il/elle vient	venait	viendra	viendrait	est venu	vienne	viens
nous venons	venions	viendrons	viendrions	sommes venus	venions	venons
vous venez	veniez	viendrez	viendriez	êtes venu(s)	veniez	venez
ils/elles viennent	venaient	viendront	viendraient	sont venus	viennent	

voir *to see*

	Imperfect	Future	Conditional	Perfect	Subjunctive	Imperative
je vois	voyais	verrai	verrais	ai vu	voie	
tu vois	voyais	verras	verrais	as vu	voies	vois
il/elle voit	voyait	verra	verrait	a vu	voie	
nous voyons	voyions	verrons	verrions	avons vu	voyions	voyons
vous voyez	voyiez	verrez	verriez	avez vu	voyiez	voyez
ils/elles voient	voyaient	verront	verraient	ont vu	voient	

vouloir *to want*

	Imperfect	Future	Conditional	Perfect	Subjunctive	Imperative
je veux	voulais	voudrai	voudrais	ai voulu	veuille	
tu veux	voulais	voudras	voudrais	as voulu	veuilles	veuille
il/elle veut	voulait	voudra	voudrait	a voulu	veuille	
nous voulons	voulions	voudrons	voudrions	avons voulu	voulions	
vous voulez	vouliez	voudrez	voudriez	avez voulu	vouliez	veuillez
ils/elles veulent	voulaient	voudront	voudraient	ont voulu	veuillent	

Appendix 1

Numbers

1	un	21	vingt et un	82	quatre-vingt-deux
2	deux	22	vingt-deux	90	quatre-vingt-dix
3	trois	23	vingt-trois	91	quatre-vingt-onze
4	quatre	24	vingt-quatre	92	quatre-vingt-douze, *etc.*
5	cinq	25	vingt-cinq	100	cent
6	six	26	vingt-six	101	cent un
7	sept	27	vingt-sept	102	cent deux, *etc.*
8	huit	28	vingt-huit	200	deux cents
9	neuf	29	vingt-neuf	210	deux cent dix
10	dix	30	trente		
11	onze	31	trente et un		
12	douze	32	trente-deux, *etc.*		
13	treize	40	quarante		
14	quatorze	50	cinquante		
15	quinze	60	soixante		
16	seize	70	soixante-dix		
17	dix-sept	71	soixante et onze		
18	dix-huit	72	soixante-douze, *etc.*		
19	dix-neuf				
20	vingt	80	quatre-vingts		
		81	quatre-vingt-un		

1000	mille
2000	deux mille
1,000,000	un million
2,000,000	deux millions

Appendix 2

Days and months

lundi	*Monday*
mardi	*Tuesday*
mercredi	*Wednesday*
jeudi	*Thursday*
vendredi	*Friday*
samedi	*Saturday*
dimanche	*Sunday*

janvier	*January*	juillet	*July*
février	*February*	août	*August*
mars	*March*	septembre	*September*
avril	*April*	octobre	*October*
mai	*May*	novembre	*November*
juin	*June*	décembre	*December*

French – English vocabulary

à *at, in to, till*
à cause de *because of*
à même de *capable of*
à part *apart from*
à propos *by the way*
abordable *reasonable*
aboutir *to end up*
accorder *to grant*
accroître *to increase*
achat (m.) *purchase*
acquérir *to acquire*
action (f.) *share*
actuellement *currently*
adapté à *suited to*
addition (f.) *bill*
adéquat *suitable, appropriate*
adjoint (m., f.) *assistant*
adjudication (f.) *tender*
aéroport (m.) *airport*
affluence (f.) *crowds*
affût de (à l') *on the lookout for*
afin de *in order to*
aguerri *seasoned, experienced*
aider *to help*
ailleurs (d') *besides*
aimable *kind*
aimer *to love, like*
aîné(e) (m., f.) *elder*
ainsi *thus*
ajouter *to add*
allô *hello (on phone)*
allouer *to allocate*
alors *well (then)*
améliorer *to improve*

animer *to mastermind*
annales (f.) *records, history*
aperçu (m.) *survey, picture*
appareil (m.) *appliance, piece of equipment*
appartenir à *to belong to*
appeler *to call*
appréhender *to take into account*
approvisionner *to supply*
appuyer (s') *to rely*
argent (m.) *money*
arme absolue (f.) *ultimate weapon*
arranger (s') *to be flexible*
arriver *to arrive, happen*
ascenseur (m.) *lift*
asseyez-vous *sit down!*
assez *quite*
assister à *to attend, be present*
assurance (f.) *insurance*
assurer (s') *to make sure*
atelier (m.) *workshop*
atout (m.) *trump, asset*
atteindre *to attain, to reach*
attendre à (s') *to expect*
atterrir *to land*
attirer *to attract*
attrayant *attractive*
au nom de *in the name of*
aujourd'hui *today*
auparavant *beforehand, previously*
aussi *so, therefore, also*
aussitôt *immediately*
aussi . . . que *as . . . as*
autrefois *formerly*

autrement *otherwise*
avant *before* (*time*)
avant-garde (d') *up-to-date*
avec *with*
avion (m.) *plane*
avis (m.) *opinion*
avocat (m.) *avocado, advocate*
avoir recours à *to resort to*
axe (m.) *trunk road*

bagages (m. pl.) *luggage*
baisse (f.) *fall*
banlieue (f.) *suburb*
banque (f.) *bank*
bar (m.) *bar*
base (f.) *basis*
bâtiment (m.) *building,
    construction*
beaucoup de *lot of* (*a*), *many*
belge *Belgian*
bénéfices (m. pl.) *benefits, profit*
besoin (m.) *need*
bien des *many*
bien (m.) *good, welfare*
biens (m. pl.) *goods, wealth*
bilan (m.) *results, balance sheet*
billet (m.) *ticket, bank note*
bloc-notes (m.) *note-book*
boîte (f.) *box*
bon *good*
bonjour *hello*
bonsoir *good evening*
bouffe (f.) *nosh, grub* (*familiar*)
boulot (m.) *job, work* (*familiar*)
bourse (f.) *grant*
brochure (f.) *brochure*
bruit (m.) *noise*
bureau (m.) *desk, office*

ça fait *that's*
cadet (m.) *younger* (*the*)
caisse (f.) *till, cashdesk*

caissière (f.) *cashier*
caler *to wedge*
camion (m.) *lorry*
cantine (f.) *canteen*
carré *square*
carton (m.) *cardboard*
casse-croûte (m.) *snack*
censé + infin. (il est) *supposed to, it
    is*
cependant *however*
certainement *certainly*
chambre (f.) (*bed*) *room*
changer *to change*
charger de (se) *to take on*
chauffeur (m.) *driver*
chaussures (f. pl.) *shoes*
chef (m.) *manager;* —des ventes
    sales manager
chèque de voyage (m.) *traveller's
    cheque*
chercher à *to seek to*
cher, chère *dear, expensive*
chiffre (m.) *figure;* —d'affaires
    turnover
choisir *to choose*
choix (m.) *choice*
chômage (m.) *unemployment*
chose (f.) *thing*
ciel! *good heavens!*
cinéma (m.) *cinema*
ci-joint *enclosed*
classeur (m.) *filing cabinet*
clause (f.) *clause*
clôturé *enclosed*
comblé *overjoyed*
commande (f.) *order*
comme *as*
commencer à + infin. *to begin to*
commettant (m.) *principal*
commodité (f.) *convenience*
communiquer *to send,
    communicate*

compagnie (f.) *company*
compléter (se) *to fit*
complet-veston (m.) *suit*
comprendre *to understand, include*
compris *included*
comptabilité (f.) *accountancy, accounts office*
compter *to intend*
comptes (m. pl.) *accounts*
conception (f.) *design*
concessionnaire (m./f.) *agent, dealer*
concurrence (f.) *competition*
concurrencer *to rival*
concurrent (m.) *competitor*
conditionnement (m.) *packaging*
confection (f.) *clothing industry*
confirmer *to confirm*
conformer à (se) *to conform to*
confort (m.) *comfort, amenity*
confortable *comfortable*
connaissance (f.) *acquaintance*
connaître *to know, be acquainted with*
conseil (m.) *advice;* — d'administration *the Board of Directors*
consommateur (m.) *consumer*
consommation (f.) *consumption*
constater *to notice, ascertain*
content *pleased*
continu *continuous*
contre *against, as against*
convaincre *to convince*
convenir à *to suit*
conversation (f.) *conversation*
côte (f.) *coast*
couloir (m.) *corridor*
courrier (m.) *post*
court *short*
créer *to create*
créneau porteur (m.) *gap in the market*

crever *to burst*
crevette (f.) *prawn*
croissance (f.) *growth*
c'est *it is*

dangereux *dangerous*
dans *in*
dans l'ensemble *on the whole*
de rien *don't mention it*
déceler *to detect*
déchargement (m.) *unloading*
décoller *to take off*
déçu *disappointed*
dédouanement (m.) *Customs clearance*
défaut (m.) *fault*
défi (m.) *challenge*
dégâts (m. pl.) *damage*
délai (m.) *time limit, deadline*
demain *tomorrow*
demande (de renseignements) (f.) *enquiry*
demander (se) *to wonder, to ask (oneself)*
démarche (f.) *course of action*
demi-pensionnaire (m.) *half-boarder*
dentifrice (m.) *toothpaste*
départ (m.) *departure*
dépasser *to exceed*
dépendre de *to depend on*
dépliant (m.) *leaflet*
dépôt (m.) *deposit, depot*
déranger *to bother, trouble*
dernier *last, latest*
dernier cri *high-style, latest*
derrière *behind*
dès *from*
descendre à *to stay in*
désolé *sorry*
détenir *to hold (shares)*
deux (les) *both*
devant *in front of, outside*

diapositive (f.) *slide*
dîner (m.) *dinner*
directeur (m.) *director*; —des achats *purchasing director*
Directeur Général (m.) *Managing director*
dirigeant (m.) *senior executive*
diriger vers (se) *to make for*
discuter *discuss*
disposer (de) *to have*
distribuer *to distribute*
dites donc! *say!*
donc *so, therefore*
données (f. pl.) *data*
donner *to give*
dossier (m.) *file*
douanier *customs (adj.)*
douche (f.) *shower*
doué *gifted*
dresser *to draw up*
droit (m.) *right*
d'accord *OK, all right*
d'avance *in advance*

échangeur (m.) *interchange*
échantillon (m.) *sample*
éclaircir *to clarify*
éclater *to explode*
écrit (à l') *in writing*
écueil (m.) *pitfall*
effectif (m.) *staff numbers*
effectuer *to carry out, make*
efficace *efficient*
efforcer (s') *to do one's best*
également *also, equally*
eh bien *well*
élevé *high*
élever (s') *to rise*
emballage (m.) *packing*
emballé *thrilled, carried away*
embauche (f.) *hiring, taking-on*
embouteillage (m.) *traffic jam*

emplacement (m.) *pitch*
emploi (m.) *job, use*
empresser (s') *to hurry*
en attendant *meanwhile*
en effet *that's right*
en face de *opposite*
en forme *fit*
en mesure de *in a position to*
en outre *besides*
en panne *broken down, out of order*
en plus de *in addition to*
en provenance de *coming from*
en retard *late*
enchanté *delighted, pleased to meet you*
endommagé *damaged*
engager à (s') *to undertake, be committed to*
engrais (m.) *fertiliser*
ensemble (m.) *package, whole*
enticher de (s') *to get hooked on*
entre *between*
entrepôt (m.) *warehouse*
entreprise (f.) *company*
environ *about*
envoyer *to send*
époustouflé *flabbergasted*
erreur (f.) *mistake, error*
escompte (m.) *discount*
espérer *to hope*
essai (m.) *trial*
essor (m.) *expansion*
établissements (m. pl.) *company*
étage (m.) *floor, storey*
étendre (s') *to spread*
étendue (f.) *extent*
étude de marché (f.) *market research*
éventuellement *possibly*
évoluer *to evolve*
exercice (m.) *financial year*
exigence (f.) *demand*
exigences (f. pl.) *requirements*

exiger *to demand*
expédier *to dispatch*
expérimenté *experienced*
expert-comptable (m.) *accountant*
exposition (f.) *exhibition*
exprimer (s') *to express oneself*

fabrication (f.) *manufacture*
facilités de paiement (f. pl.) *credit terms*
facture (f.) *invoice*
faible *weak*
faille (f.) *flaw*
faire affaire *to do business*
faire construire *to have built*
faire la connaissance de *to meet*
faire (se) *to be done*
fait (m.) *fact*
fameux *great, much vaunted*
fanatique *mad about*
femme d'intérieur (f.) *housewife*
ferme *firm*
ferroviaire *(adj.) rail*
fête (faire la) *to live it up*
fiche (f.) *form*
fier, fière (de) *proud (of)*
filiale (f.) *subsidiary*
filière (f.) *path, channel*
financier *financial*
firme (f.) *company*
flambée (f.) *flare-up, explosion*
flotte (f.) *fleet*
foire (f.) *trade fair*
fois (f.) *time*
fois (à la) *at the same time*
fonder *to found, start*
fonds (m. pl.) *funds*
formation (f.) *education, training*
former *to train*
fortement *greatly*
fournir en *to supply with*
fournisseur (m.) *supplier*

frais (m. pl.) *costs;* — généraux (m. pl.) *overheads*
français (m.) *French*
France (f.) *France*
Franco Domicile *free delivered*
frôler *to skim*

garder *to keep*
gare (f.) *station*
garer une voiture *to park a car*
genre (m.) *type, kind*
gestion (f.) *management*
grâce à *thanks to*
grands magasins (m. pl.) *department stores*
grève (f.) *strike*
guichet (m.) *counter*

habitant (m.) *inhabitant*
habiter *to live*
hâte (à la) *hurry, in a*
hausse (f.) *rise*
haut de gamme *top of the range*
hors *apart from*
hôtel (m.) *hotel*
houiller, houillère *(adj.) coal*

il faut . . . *you must . . .*
il n'y a pas de quoi *don't mention it*
il y a *there is, there are*
image de marque (f.) *brand image*
imposer (s') *to make one's mark*
impôt (m.) *tax*
impression (f.) *printing*
imprimer *to print*
incontournable *unavoidable*
inconvénient (m.) *inconvenience, disadvantage*
installer (s') (dans) *to move (into)*
instant (m.) *moment*
intéresser *to interest*

investir *to invest*
invité (m.) *guest*

je m' appelle *my name's*
je vous dois combien? *how much do I owe you?*
je vous en prie *don't mention it*
joindre *to contact*
jouir de *to enjoy*
jusqu'à *until*

là *here, there*
lainier *woollen*
lancement (m.) *launch*
là-bas *over there*
liaison (f.) *link*
librairie (f.) *bookshop*
libre *free*
lieu de vente (m.) *point of sale*
ligne (f.) *line*
liquide (m.) *cash*
livraison (f.) *delivery*
locaux (m. pl.) *premises*
loger *to stay*
loi (f.) *law*
Londres *London*
lors de *at the time of*
louer *to hire, rent*

maintenant *now*
maintenir *to maintain*
main-d'oeuvre (f.) *work force*
maison mère (f.) *parent company*
maîtrise (f.) *mastery*
manager (m.) *manager*
Manche (f.) *Channel*
manifester *to show*
manquant *missing*
manquer *to miss*
marché intérieur (m.) *domestic market*
marge (f.) *margin, scope*

Mecque (f.) *Mecca*
méfiance (f.) *distrust*
meilleur *best*
mener *to lead, run*
mensuellement *monthly*
mention (f.) *mark, comment*
message (m.) *message*
mettre à l'épreuve *to put to the test*
mettre à (se) *to take up*
mettre d'accord (se) *to agree*
mettre en marche *to start*
mettre en route (se) *to set off*
meubles (m. pl.) *furniture*
minutie (f.) *meticulousness*
mix-marketing (m.) *marketing mix*
mi-temps *part-time*
mobilier (m.) *furniture*
moindre *least, slightest*
moitié (f.) *half*
monnaie (f.) *change;* —locale *local currency*
monter *to go up, take up*
montrer *to show*
moyen (m.) *way;* —s *means*
moyenne gamme (de) *middle of the range*

navette (f.) *shuttle*
néanmoins *nevertheless*
ni . . . ni *neither . . . nor*
nom (m.) *name*
nomination (f.) *appointment*
nord (m.) *north*
note (f.) *bill*
nouer *to tie, knot*
nous voilà *here we are*
nuit (f.) *night*
numéro (m.) *number*

objectif (m.) *aim*
occasion (f.) *opportunity*
occidental *western*

on *one, we, you*
ordinateur (m.) *computer*
oser *to dare*
outil (m.) *tool*
ouverture (f.) *access*
où? *where?*

palmarès (m.) *prize list*
pantouflard *stay-at-home*
par contre *on the other hand*
par hasard *by chance*
par rapport à *compared with*
par retour *by return*
parade (f.) *parry, right answer*
parcours (m.) *route*
pareil *same*
parfaire *to perfect*
parfait *excellent*
parler *to speak*: —affaires *discuss business*
parmi *among*
parole (f.) *word*
part du marché (f.) *market share*
participer à *to share in*
partie (f.) *part*
pas du tout *not at all*
passer *to pass*; —chez qn. *to visit*; —une commande *to place an order*; —un examen *to sit an exam*
passer (se) *to happen*
pays (m.) *country, area*
peau d'âne (f.) *diploma*
penser *to think*
perdre *to waste*
performant *high-performance*
périmé *out of date*
permettez-moi de présenter *may I introduce*
personne (f.) *person*
perte (f.) *loss*
pétrole (m.) *oil*
pharmacie (f.) *chemist's*

photocopieur (m.) *photocopier*
pièce jointe *enclosure*
placard (m.) *cupboard*
plaindre (se) *to complain*
planification (f.) *planning*
plat (m.) *dish*
plein rendement (à) *at full production*
plupart (f.) *most*
plus de *more*
plus tard *later*
plusieurs *several*
plus-values (f. pl.) *appreciation*
plutôt *rather*
poids (m.) *weight*
point de vente (m.) *sales outlet*
politique (f.) *policy*
port (m.) *port*
portier (m.) *porter*
poste clé (m.) *key post*
poste de travail (m.) *work-station*
pour *for*; —autant *for all that*
pratique *convenient*
premier plan (de) *front*
prendre rendez-vous *to make an appointment*
présenter *to introduce*
Président-directeur Général (m.) *Chairman*
prêt *ready*
prêt d'honneur (m.) *government grant*
prévoir *to provide, foresee, plan*
prime (f.) *bonus*
pris *taken*
privé *private*
prix (m.) *price*; —de revient *cost*; —unitaire *unit price*
prochain *next*
profiter de *to take advantage of*
projecteur (m.) *overhead projector*
prometteur *encouraging*
proposition (f.) *offer, proposal*

propre *own*
prospère *prosperous*
publicité (f.) *advertising*

quand? *when?*
quant à *as for*
quartier (m.) *district, area*
que *that*
quelconque *some (or other)*
quelques *some, a few*
quoique *although*
qu'est-ce que? *what?*

raison, (avoir) *to be right*
rapport (m.) *report*
ravi *delighted*
réagir *to react*
recevoir *to receive*
réclamation (f.) *complaint*
reconnaissant *grateful*
rédiger *to write, compose*
redoublement (m.) *re-sit*
région (f.) *region, area*
régler *to settle*
regretter *to regret*
rejoindre *to join*
relever *to take up*
relier *to link*
remédier à *to correct*
remercier *to thank*
remettre à plus tard *to postpone*
remise (f.) *discount (for quantity)*
rendre visite à *to visit (someone)*
rendre (se) *to go (to a place)*
renforcer *to reinforce*
renommé *well-known*
renseignements (m. pl.) *information*
répartir *to share out*
repérer *to pick out*
répondre à *to rely to, fit*
réponse (f.) *reply*
reproduire (se) *to happen again*

(RFA) Republique Fédérale
d'Allemagne (f.) *West Germany*
requis *required, sought*
réseau (m.) *network*
réservation (f.) *reservation*
réserver *to book*
responsable (m.) *manager*
ressortir *to come out*
rester *to stay*
retenir *to book, reserve*
réunion (f.) *meeting*
réunir (se) *to meet*
revue professionnelle (f.) *trade press*
rez-de-chaussée (m.) *ground floor*

salle de bains (f.) *bathroom;* salle
de conférences *lecture or conference room*
sans faute *without fail*
savant *wise, crafty*
savoir *to know (a fact)*
secrétaire (f.) *secretary*
selon *according (to)*
semaine (f.) *week*
serveur (m.) *waiter*
servir de (se) *to use*
sidérurgie (f.) *steel industry*
siège central (m.) *headquarters*
société (f.) *company*
soit *that is to say*
soit ... soit *either ... or*
soi-même *oneself*
soucieux *mindful*
soumis à *subject to*
sous huitaine *less than one week*
sous peu *shortly*
sous-estimer *to underestimate*
spécificité (f.) *specification*
spécifier *to specify*
stage (m.) *training course*
stand (m.) *stand*
standardiste (f.) *telephone operator*

station de taxis (f.) *taxi rank*
stationner *to park*
stock (m.) *stock*
subir *to undergo*
substituer à (se) *to take the place of*
subvention (f.) *subsidy*
sud (m.) *south*
suffisamment de *enough (of)*
ça suffit *there is enough*; il — de *it is sufficient to*
suite à *following*
suivant *following*
superficie (f.) *area*
surcroît (de) *in addition*
surmonter *to overcome*
surtout *especially*
susceptible de *capable of*
suscription (f.) *address, heading*

tache (f.) *stain*
tant pis *never mind, that's too bad!*
taper *to type*
tard *late*
tarif (m.) *price list*
tartine (f.) *piece of bread*
taux de change (m.) *exchange rate*; taux d'intérêt *interest rate*
tel que *such as*
téléphonique *(adj.) telephone*
tellement *so much*
tenez *here you are*
tenir compte de *to take account of*
tenir de *to take after*
tenté *tempted*
tiens! *ah! take this*
tirer *to derive*
tomber d'accord sur *to reach agreement*
toujours *always, still*
tour (m.) *turn*; chacun son —! *wait for your turn!*
tour d'horizon (m.) *survey, outline*

tout *all, every*; — à fait *quite right*; — azimut *everywhere*; — ce qu'il faut *everything you might need*; — de suite *immediately*; — près d'ici *close by*
traiter *to deal with*
trajet (m.) *journey*
transitaire (m.) *forwarding agent*
transports maritimes (m. pl.) *sea transport*
travailler *to work*
traversée (f.) *crossing*
tremper *to dip, soak*
très *very*
trop *too (much, many)*
trouver (se) *to be situated*

unité (f.) *unit*
usine (f.) *factory*
ustensile (m.) *utensil*
utiliser *to use*

valoriser *to develop, enhance*
venir de *to have just done*
vêtements pour femmes (m. pl.) *women's clothing*
vice de fonctionnement (m.) *faulty working*
viser *to aim at, target*
visiter *to visit (a place)*
vivement *deeply*
voie ferrée (f.) *rail track*
voie (f.) *path*
voix (f.) *voice*
vol (m.) *flight, theft*
volontiers *willingly, I'd love to*
vraisemblablement *probably*

zéro *nought*
zone industrielle (f.) *industrial estate*
zut! *blast!*

Index to grammar